MOSEL
INSIDER-TIPP
Deine Abkürzung ins Erleben!
Reisen mit MARCO POLO Insider-Tipps

MARCO POLO TOP-HIGHLIGHTS

DEUTSCHES ECK ★1
Unterm Reiterstandbild fließt bei Koblenz die Mosel in den Rhein. Der Blick ist ein Genuss.

➤ S. 45, Koblenz & Umgebung

REICHSBURG ★2
Cochems Wahrzeichen: außen Mittelalter pur, innen grandioser Stilmix aus vielen Jahrhunderten.

📷 *Tipp: Egal wie voll es an der Reichsburg ist – von der Hubertushöhe macht die Burg immer eine „gute Figur".*

➤ S. 59, Terrassenmosel

BEILSTEIN ★3
Filmreife Mittelalterromantik mit steilen, engen Gassen und barocker Klosterkirche zu Füßen der Burgruine Metternich.

📷 *Tipp: Am Abend verstopfen die Menschenmassen höchstens die Restaurants und nicht die Gassen (und deine Fotos).*

➤ S. 69, Terrassenmosel

CALMONT ★4
Dieser Weinberg in Bremm ist einer der steilsten der Welt.

📷 *Tipp: Horseshoe Bremm – vom Gipfelkreuz sieht die Moselschleife aus wie der Horseshoe Bend des Colorado in Arizona.*

➤ S. 71, Terrassenmosel

BURG ELTZ ★5
Wie aus dem Bilderbuch: eine vollständig erhaltene mittelalterliche Burg mitten im Wald (Foto).

➤ S. 64, Terrassenmosel

TRABEN-TRARBACH 8

In dem eleganten Ort ist der Jugendstil zu Hause.

Tipp: Den schönsten Sonnenuntergang über der Stadt kannst du auf der Grevenburg einfangen.

➤ S. 81, Mittelmosel

HÄNGESEILBRÜCKE GEIERLAY 6

360 m Brückenabenteuer in 100 m Höhe zwischen den Ortschaften Sosberg und Mörsdorf.

Tipp: Zum Sonnenaufgang gibt's oft mystischen Nebel und wenig andere Besucher.

➤ S. 68, Terrassenmosel

PORTA NIGRA 9

Auf den Spuren von fast 1800 Jahren Geschichte. Das am besten erhaltene römische Stadttor nördlich der Alpen – und Wahrzeichen Triers.

➤ S. 94, Trier & Umgebung

BERNKASTEL-KUES 7

Fachwerk vom Feinsten, rauschende Feste und einer der schönsten Weihnachtsmärkte Deutschlands machen den Ort zu etwas Besonderem.

➤ S. 76, Mittelmosel

SAARBURG 10

Mittelalterliche Stadt am Ufer der Saar mit Burgruine und tosendem Wasserfall am Marktplatz.

➤ S. 107, Trier & Umgebung

INHALT

KOBLENZ & UMGEBUNG
TERRASSENMOSEL
MITTELMOSEL
TRIER & UMGEBUNG

Besuch planen	Essen/Trinken
€-€€€ Preiskategorien	Shoppen
(*) Kostenpflichtige Telefonnummer	Ausgehen

(A2) Herausnehmbare Faltkarte
(0) Außerhalb des Faltkartenausschnitts

BESSER PLANEN MEHR ERLEBEN!

Digitale Extras go.marcopolo.de/app/mose

MARCO POLO
DIGITALE EXTRAS

DIGITAL NOCH MEHR ERLEBEN

1. Website besuchen
2. Die digitale Welt von MARCO POLO entdecken
3. App runterladen und ab in den Urlaub

Alle Infos zum digitalen Angebot unter **marcopolo.de/app**

PiN CAMP
ENDLICH: RAUS
ENDLICH: CAMPING
Buche die schönsten Campingplätze an der Mosel auf pincamp.de/mosel
powered by ADAC

DAS BESTE ZUERST

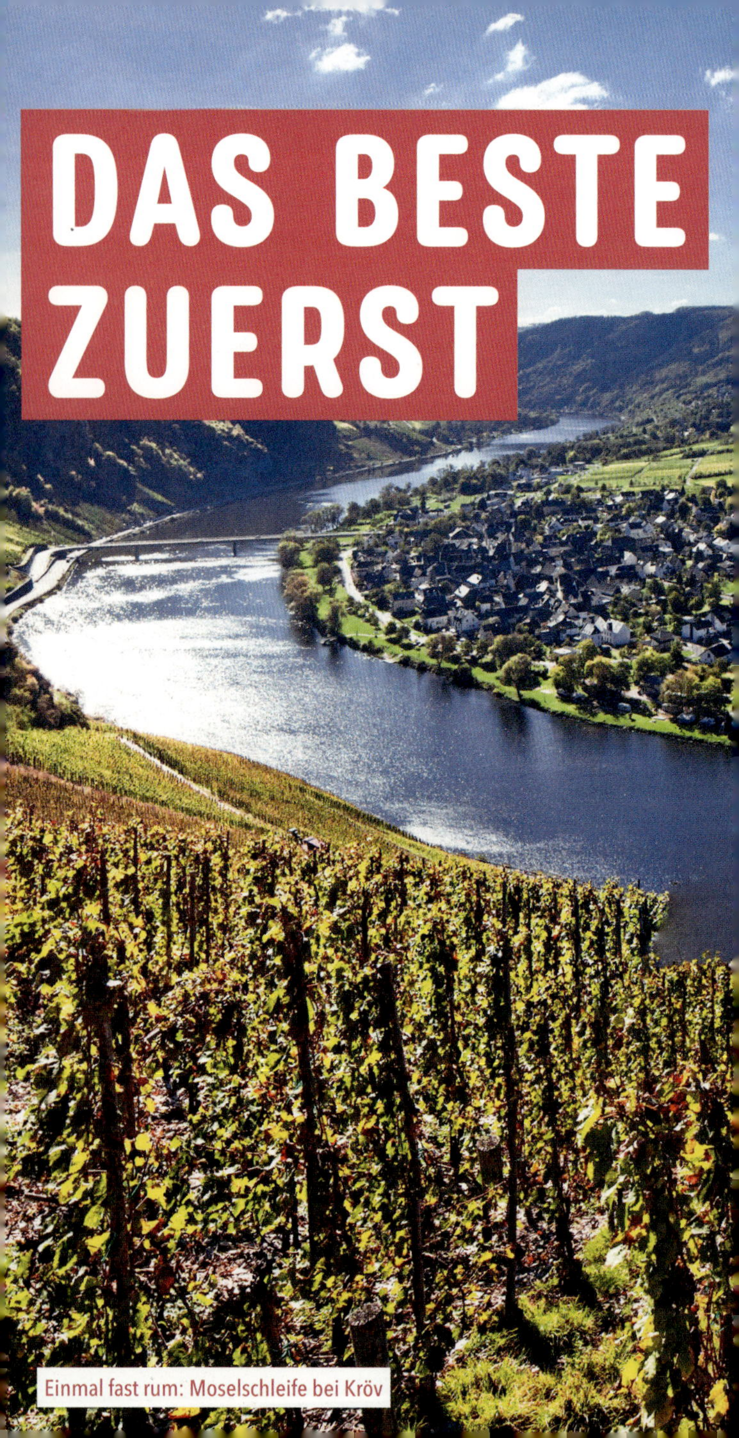

Einmal fast rum: Moselschleife bei Kröv

BEST OF

BEI REGEN

SCHÖN, AUCH WENN ES REGNET

KUSCHELN IN DER KLAUSE

20 km vor der Mündung in die Mosel wurde von Eremiten in einem Hang hoch über der Saar bei Kastel-Staadt eine Klause in den Buntsandstein gehauen. Das Plateau mit *Grabkapelle* und römischem Theater hat morbiden Charme – gerade bei Regen.

➤ S. 108, Trier & Umgebung

VORSICHT, EXPLOSIV!

Steig in die uralten Basaltkeller von Mendig hinab und erfahre im Vulkanmuseum *Lava Dome* (Foto), dass die Erde unter deinen Füßen auch heute noch brodelt. Ob uns ein Vulkanausbruch bevorsteht, ist nicht die Frage, sondern eher wann.

➤ S. 53, Koblenz & Umgebung

WARMES WASSER AUS DER TIEFE

Planschen in 32 Grad warmen Thermalwasser, das aus über 2000 m Tiefe an die Oberfläche sprudelt? Das kann man in Deutschland nur in Bad Bertrich. Die Vulkaneifeltherme ist hierzulande die einzige *Glaubersalztherme*. Bei schlechtem Wetter ist ein Bad im mineralstoffreichen Quellwasser nicht nur besonders entspannend. Es soll auch die Abwehrkräfte stärken, die Bronchien stimulieren und die Durchblutung fördern.

➤ S. 71, Terrassenmosel

HINEIN INS BERGWERK

In die enge Welt der Bergleute eintauchen, das kann man im *Besucherbergwerk Fell*, in dem früher Schiefer abgebaut wurde.

➤ S. 89, Mittelmosel

SPRECHENDE SOFAS

Wenn Sessel Gedichte vorlesen, Scheinwerfer Sagen erzählen und Kameras Geschichten von Burgen und Schlössern verraten, dann ist man auf interaktiver Zeitreise im *Romanticum* in Koblenz.

➤ S. 44, Koblenz & Umgebung

BEST OF

LOW-BUDGET

FÜR DEN KLEINEN GELDBEUTEL

SCHWINDELERREGEND
Abenteuerfans und Naturliebhabern schlottern auf der *Hängeseilbrücke Geierlay* (Foto) die Knie. Den Titel der „längsten Hängeseilbrücke Deutschlands" hat zwar die Konkurrenz aus dem Harz gewonnen, dafür ist die Hunsrück-Brücke kostenlos für alle, die etwas außerhalb parken und die letzten 3,4 Kilometer zur Brücke laufen.
➤ S. 68, Terrassenmosel

DIE MOSEL VOM WASSER AUS
Den vielleicht schönsten Blick auf das Moselörtchen Beilstein hat man vom Wasser aus. Und wenn du statt auf einen Ausflugsdampfer auf die *Moselfähre* von Beilstein nach Ellenz-Poltersdorf steigst, kostet das gerade mal 1,50 Euro. Noch mehr schöne Blicke auf die beiden Orte gibt es für alle, die im Anschluss über die Moselkrampen wandern und am Ende wieder am Startpunkt ankommen.
➤ S. 69, Terrassenmosel

ANTIKE MALEREIEN IM WEINBERG
Die besterhaltenen Malereien einer römischen *Grabanlage* nördlich der Alpen kannst du in den Weinbergen oberhalb von Ediger-Eller kostenlos bewundern. Von hier hat man darüber hinaus einen schönen Blick auf die dichten Hunsrückwälder am gegenüberliegenden Moselufer.
➤ S. 70, Terrassenmosel

EXOTISCHE BLÜTENTRÄUME
Auf den ehemaligen Weinbergterrassen über Zeltingen gedeihen mediterrane und asiatische Pflanzen. Spazier, ohne Eintritt zu zahlen, im *Sortengarten* zwischen rund 50 Exoten.
➤ S. 79, Mittelmosel

THERAPIE IM PARK
Die Seele heilen lassen durch Gartenkunst im *Landschaftstherapeutischen Park* in Bad Bertrich. Und das Portemonnaie wird auch geschont.
➤ S.71, Terrassenmosel

BEST OF
MIT KINDERN
SPANNENDES FÜR GROSS & KLEIN

AUF HEISSER FAHRT

Nervenkitzel selbst für die kleinsten Abenteurer bietet der riesige *Wild- und Freizeitpark Klotten* (Foto) – ob beim Beobachten von Braunbären, Wölfen oder Luchsen in ihren großzügigen Naturgehegen, beim Füttern und Streicheln von Ziegen und Kaninchen, bei einer rasanten Fahrt mit der Wildwasserbahn „Zum Rittersturz" oder einer „heißen" Achterbahnfahrt durch die Vulkanlandschaft.

➤ S. 62, Terrassenmosel

TIERISCH GUT

Es müssen nicht immer Wildtiere sein: Auf dem *Erlebnishof Arche* bei Naunheim im Maifeld sind seltene Nutztierrassen zu Hause, aber auch Katzen, Ponys und Meerschweinchen zum Streicheln. Wer danach nicht nach Hause will, kann auch übernachten oder gleich für einen ganzen Urlaub bleiben.

➤ S. 65, Terrassenmosel

KLETTERMAXE

Im *Mosel Adventure Forest* auf dem Mont Royal über Traben-Trarbach kann die ganze Familie auf Kletterparcours aller Schwierigkeitsgrade trainieren. Los geht's ab fünf Jahren.

➤ S. 82, Mittelmosel

VOLLGAS MIT 5 PS

Im *Erlebnisländchen Kröver Berg* werden Kids im Offroad-Buggy zum Minirennfahrer – bei Geschwindigkeiten von 20–35 km/h auf einer kurvigen, 800 m langen Rennstrecke.

➤ S. 81, Mittelmosel

SPURENSUCHE MIT RÖMER TITUS

Sightseeing? Pah, clevere Kids zwischen sechs und zwölf Jahren setzen vermutlich lieber ihre Spürnasen ein. Die *Stadtrallye Trier* auf den Spuren des kleinen Römers Titus mit 27 kniffligen Fragen lüftet die Geheimnisse der antiken Stätten.

➤ S. 95, Trier & Umgebung

BEST OF

TYPISCH

DAS ERLEBST DU NUR HIER

UNTER PALMEN

Maulbeerbäume, Feigen, Oleander, Palmen – das Moselklima lässt diese und andere Mittelmeerpflanzen gedeihen. Die botanische Pracht entfaltet sich meist an versteckten Orten – etwa auf den Orchideenwiesen hinter den Weinbergen des Weinguts *Giwer-Greif* in *Wasserliesch*.

➤ S. 102, Tier & Umgebung

TOUR DE MOSELLE

Das Moselland ist ein Radelparadies für Groß und Klein. Wer ein Stück auf dem 246 km langen *Moselradweg* zwischen Koblenz und Perl zurücklegt, erlebt den Fluss von einer seiner schönsten Seiten (Foto).

➤ S. 35, Sport

EINMAL PRINZESSIN SEIN

Burgen und Schlösser oder die verwunschenen Überreste von ihnen wecken immer noch die Prinzessin oder den Prinzen in uns. Ob *Burg Eltz* oder *Schloss Stolzenfels* – an der Mosel hast du überall Gelegenheit, Kindheitsträume wahr werden zu lassen.

➤ S. 64, Terrassenmosel
➤ S. 50, Koblenz & Umgebung

SCHLEMMEN WIE IM ALTEN ROM

Im Moselland gibt es nicht nur vorzügliche Hausmannskost und exquisite Sterneküche – auch Gourmets auf der Suche nach römischen Genüssen sind hier richtig: Essen wie die antiken Römer ist vielerorts angesagt – im *Brauneberger Hof* im gleichnamigen Dorf modern interpretiert.

➤ S. 85, Mittelmosel

STEILLAGEN UND NERVENKITZEL

Die Terrassenmosel ist nichts für schwache Nerven. Etliche Winzer bieten für Schwindelfreie Weinbergsführungen auf Klettersteigen an – wie das *Weingut Treis* in Ediger-Eller am steilsten Weinberg Europas (Foto).

➤ S. 70, Terrassenmosel

SO TICKT DIE MOSEL

Die Mosel rollt durchs Dorf: Weinfest in Kröv

ENTDECKE DIE MOSEL

Bildhübscher Rokokopalast mit ebensolchem Park: das Kurfürstliche Palais in Trier

Wer an die Mosel fährt, bekommt unweigerlich das Gefühl, in eine andere Zeit und ein anderes Land versetzt worden zu sein: In den Gärten gedeihen mediterrane Gewächse wie Oleander, Palmen oder Olivenbäume, die engen Gassen sind eher was für südländische Vespas als für deutsche Familienkutschen, und drum herum erheben sich Weinberge, so weit das Auge reicht.

KURVIG, KURVIGER, MOSEL

Wirklich gerade ist hier nichts, nicht die menschengemachten Mauern und erst recht nicht die von der Natur geschaffene Architektur: Die Mosel in Deutschland ist auf 243 Kilometern bis zur Mündung in Koblenz ein regelrechter Kurvenstar.

Um 5000 v. Chr. Erste steinzeitliche Besiedlung an der Mosel

Ab 500 v. Chr. Der Keltenstamm der Treverer baut befestigte Höhensiedlungen

Um 16 v. Chr. Kaiser Augustus gründet Augusta Treverorum (Trier)

Ab 9 n. Chr. Aus dem Römerlager Confluentes entwickelt sich eine Stadt – Koblenz

286–395 Trier ist Hauptstadt des Weströmischen Reichs

1801 Das Kurfürstentum Kurtrier wird französisches Département

Wer sich auf die Höhen am Ufer traut, mag oft glauben, zu tief ins Glas geschaut zu haben, wenn er den Fluss im Tal gleich mehrfach sieht. Doch diese „Fluss-Doppelungen" müssen gar nicht den Promille geschuldet sein, sie sind auch stocknüchtern möglich und aus jeder Perspektive ein optischer Genuss.

GENUSSLAND MOSEL

Apropos Genuss: Der hat an der Mosel mehrere Facetten. Die Zahl der Weingüter geht in die Tausende, die der urgemütlichen Straußwirtschaften und gutbürgerlichen Restaurants ebenso. Der Einfluss der nahen französischen Kultur hat darüber hinaus etliche Gourmet- und Sterneköche auf den Plan gerufen. Die schwören auf den aromenreichen und eleganten Moselriesling, der von renommierten Weinexperten wie Stuart Pigott zu den weltbesten Weißweinen gezählt wird. Diesem Genuss kann man sich nur schwer entziehen. Schließlich schmeckt der heute meist trocken oder feinherb ausgebaute Klassiker nach den Aufs und Abs des Moselsteigs oder den unzähligen Schleifen des Moselradwegs nur noch besser.

Schuld an alldem sind die Römer – sie fühlten sich bis ins 4. Jh. hinein an der Mosel wie zu Hause, pflanzten Rebstöcke, bauten bis heute erhaltene Kelteranlagen, Tempel, Thermen, Villen und erkoren von Trier aus das Christentum zur Staatsreligion. *Augusta Treverorum*, wie Deutschlands älteste Stadt vor 2000 Jahren hieß, wurde zur Hauptstadt des römischen Westreichs. Die keltischen Ureinwohner vom Stamm der Treverer ließen sich, sofern wohlhabend, nur zu gern

1815 Koblenz wird Sitz der preußischen Rheinprovinz

1892–1914 Moselwein wird zum Exportschlager

1944/45 Fast vollständige Zerstörung von Trier und Koblenz, die Region kommt unter französische Verwaltung

1986 Triers antike Stätten werden Unesco-Welterbe

2014 Der Verein „Weltkulturerbe Moseltal" wird gegründet

2019 Die umstrittene Hochmoselbrücke bei Zeltingen-Rachtig wird eingeweiht von dem zum Luxus neigenden Lebensstil der Eroberer anstecken. Vom im Wald versteckten Gräberfeld bis hin zum prominentesten Wahrzeichen Triers, der Porta Nigra. Nirgendwo sonst nördlich der Alpen gibt es so viele römische Bauten, die alle zum Unesco-Welterbe zählen.

PRINZESSINNENTRÄUME AUS DEM MITTELALTER

Aber nicht nur die Römer hinterließen ihre Spuren. Über der Mosel und ihren Nebenflüssen ragen mehr als 100 mittelalterliche Burgen auf, mal als shabbyschicke Ruine, mal als vollendete und bis heute belebte Pracht wie die Burg Thurant bei Alken, die Reichsburg in Cochem oder die Burg Eltz bei Münstermaifeld. Die Kaiser Karl der Große (747–814) und Lothar I. (795–855) waren eifrige Burgenbauer. Der größte Bauboom jedoch geht auf Kurfürst und Erzbischof Balduin von Luxemburg zurück, der den wachsenden Trierer Kurstaat im 14. Jh. mithilfe von Burganlagen bis über den Rhein hinaus sicherte. Auch spätere Herrscher ließen fleißig bauen. Die Preußen z. B. errichteten in Traben-Trarbach und anderen Orten eine Fülle von Jugendstilbauten und klassizistische Herrenhäuser. Auch das überdimensionale Reiterstandbild Kaiser Wilhelms I., das über das Deutsche Eck in Koblenz wacht, stammt aus dieser Zeit.

Das Moselland mit seinem gewundenen Fluss und den steilen Felsklippen hat viele inspiriert. Manche erlagen dem Charme der regionalen Erzeugnisse komplett, so wie Kurt Tucholsky, der auf einer Bahnfahrt niederschrieb: „Wir soffen uns langsam den Fluss hinab ..." Gut, dass sich diverse berühmte Einheimische wohl besser im Griff hatten, darunter der Philosoph Nikolaus von Kues, der Vordenker der Arbeiterbewegung Karl Marx oder auch August Horch, der Gründer von Audi.

EINER FÜR ALLE, ALLE FÜR EINEN

Etwas, von dem wir uns alle eine Scheibe abschneiden können, ist die im Moselland seit Jahrhunderten gelebte Solidarität. Seien es die langen Phasen kriegerischer Auseinandersetzungen, das Spannungsfeld zwischen deutscher und französischer Kultur oder die regelmäßigen Hochwasser – all diese Herausforderungen haben die Moselaner zusammengeschweißt. Und so wird das Hin- und Herräumen des Mobiliars vor und nach den Fluten zur Gemeinschaftsaktion – gern auch als feuchtfröhlicher Event mit Sekt und Wein.

Eine „Gemeinschaftsaktion" der anderen Art fand direkt in dem Winzerort Schengen statt. Er gab der dort unterzeichneten EU-weiten Freizügigkeit seinen Namen. Die ist im Dreiländereck Deutschland-Luxemburg-Frankreich an der Obermosel, wo sich das Flusstal mit sanften Hügeln weit öffnet, schon seit Langem selbstverständlicher Alltag. Allein 30 000 Pendler aus der Region Trier fahren täglich zum Arbeiten ins „Ländchen", wie Luxemburg genannt wird. Und schließlich verbindet hier auch der moselfränkische Dialekt, der in Luxemburg eine von drei Staatssprachen ist, die Menschen.

AUF EINEN BLICK

8796 ha Rebfläche

umfasst das Weinbaugebiet der Mosel
Württemberg: 11 306 ha

19
Burgen & Burgruinen

sind entlang des Ufers zu entdecken

350 000
Einwohner hat das Moselland

Bochum: 365 000

STEILSTER WEINBERG EUROPAS

Bis zu
68 GRAD
Hangneigung hat der Calmont bei Bremm

BESTER REISEMONAT

OKTOBER

VOR
400 Mio.
JAHREN

befand sich im heutigen Moselland ein Urozean

545 km lang

ist die Mosel von der Quelle bis zur Mündung (knapp 13 Marathons hintereinander), 192 km davon verlaufen durch Rheinland-Pfalz

10 TAGE

dauert das längste Weinfest der Mosel in Winningen

7 RÖMERBAUTEN STEHEN ALLEIN IN TRIER UNTER UNESCO-SCHUTZ

2,6 MIO. GÄSTE
(auf einen Einwohner kommen 7,5 Besucher)

DIE MOSEL VERSTEHEN

AM OARSCH

Im Moselland haben sich teils sehr seltsame Bräuche erhalten. Etwa das Ostereierkibben in Winningen: Am Ostersonntag fallen 6000 gekochte und gefärbte Eier einem Geschicklichkeitsduell jeweils zweier Kontrahenten zum Opfer – die Eier werden gegeneinandergeschlagen, und wem es gelingt, das gegnerische Ei an „Schbetz" und „Oarsch" einzudellen, ist der Sieger.

Am Faschingsdienstag ziehen jecke Kelten durch den Trierer Ortsteil Biewer, hüpfen im Hahnenkostüm und mit schrillem Geschrei im Polkarhythmus und in Schlangenlinien durch die Straßen. Für den „Schärensprung" soll ein althergebrachter Fruchtbarkeitstanz Pate gestanden haben.

In Bruttig werden die Glocken das ganze Jahr über gedengelt – d. h. sie werden von gestandenen Kerlen in melodischen Rhythmen von Hand geläutet. Ohrenbetäubender Lärm für die einen, himmlische Klänge für die anderen.

CANYONS

Menschen, die ans Flachland gewöhnt sind, geraten oft angesichts der fast alpinen Gefälle und Steigungen von Wegen und gewundenen Straßen ins Schwitzen. Ohne das Grün der Reben oder aufgegebenen Weinbergsparzellen voller Wildwuchs wäre das Moseltal ein schroffes und überhaupt nicht liebliches Felsenland. Die steilen Wände des Canyons gehören offiziell zum Rheinischen Schiefergebirge, doch auch Buntsandstein und Kalk liegen den Menschen hier en masse zu Füßen. Vor 400 Mio. Jahren, im Devon, schwappte hier ein warmer Ozean, dessen gelblich-weiße Korallenriffe heute an der Obermosel in der Sonne aufblitzen, der sandige Meeresboden verdichtete sich weiter nordöstlich zu rötlichem Stein, andere Sedimente wurden zu dunklem Schiefer verbacken und bergen bis heute unzählige Fossilien.

Der felsige Untergrund ist ein Segen für Winzer, Kletterer, Schmetterlingssucher oder Romantiker, die mittelalterliche Dörfer mit besonderer „Skyline" lieben. Ein Fluch ist er vor allem im Frühjahr für Autofahrer und Straßenmeistereien: „Vorsicht, Stein-

schlag!" ist hier keine leere Drohung, sondern eine ernst zu nehmende Mahnung.

TRAUMPFADE

„Genusswandern statt Kilometerfressen" – so lautet das Motto der Traumpfade. Die 26 Rundwanderungen im Rhein-Mosel-Eifel-Dreieck beweisen, dass man für spannende Wanderungen nicht bis in die Alpen fahren muss. Langweilige, breite Forstwege? Fehlanzeige! Stattdessen führen schmale Pfade vorbei an Schlössern und Burgen durch das Rieslingland. Apropos Riesling: Den gibt es natürlich überall zur Mittagsrast. Aber bloß nicht übertreiben, damit man am Ende nicht von den Steillagen fällt. Und für die kleine Wanderung zwischendurch gibt es die „Traumpfädchen" – mit maximal zwei Stunden Gehzeit.

LAND UNTER

Beim Spaziergang durch die an der Mosel gelegenen Orte fallen mit Jahreszahlen versehene Markierungen an den Hausmauern auf. Der am höchsten gelegene Strich gehört zum Jahr 1993 und lenkt die Blicke auf das erste oder zweite Stockwerk. So hoch stieg damals zu Weihnachten das Wasser. Viele Anwohner ufernaher Bereiche haben sich längst an die regelmäßigen nassen Besuche gewöhnt und ihr Erdgeschoss gefliest sowie mit schnell ein- und ausbaubaren Möbeln versehen. Etliche Orte haben mobile Schutzwände bekommen, die bei Hochwasser ruckzuck aufgebaut werden.

EINBLICKE

Durch die Orte des engen Moseltals führen schmale Gassen, und die Häu-

Wanderwege mit Aussichtsgarantie gibt es an der Mosel viele

Hauswand mit Hochwassermarken: 1993 war der bisherige Höchststand

ser stehen dicht beieinander. Wer hier Auto fährt, sollte geübt sein, parken ist unmöglich. Dennoch sind die Dörfer und Städtchen keine Kopfsteinpflasterdschungel. Vor allem in den Sommermonaten lohnt ein Blick durch die Weinguttore in die Innenhöfe. Dort kannst du Blumenparadiese entdecken, die denen der Toskana in nichts nachstehen. Besonders in den schmalsten, steilsten und abgelegensten Winkeln eines Weinorts eröffnen sich häufig Blicke auf Gärten, die es sonst nur in deutlich südlicheren Gegenden gibt.

MOSELANISCH

In Luxemburg oder vielmehr Lëtzebuerg ist das Moselfränkische eine der drei offiziellen Landessprachen. Und dabei ist der Dialekt gleich mehrfach tückisch für Touristen: Er wird außer in Luxemburg weder in Funk noch Fernsehen gesprochen, ist daher außerhalb der Region nahezu unbekannt und klingt auch deshalb für Fremde wie ein Singsang von Aliens. Die Aussprache variiert zudem stark von Tal zu Tal in Eifel und Hunsrück, von Flussbiegung zu Flussbiegung entlang der Mosel. Selbst der Versuch gastfreundlicher Muttersprachler, aus dem Dialekt etwas halbwegs Hochdeutsches zu machen, misslingt bisweilen: „Eisch han siwwe Kilo aafjeholt" bedeutet zum Beispiel nicht, dass der Sprecher sieben Kilo irgendeiner Substanz irgendwo abgeholt hat, sondern dass er sieben Kilo schlanker geworden ist. „Holen" und „nehmen" werden meist andersherum als gewohnt gebraucht.

PROMIS

Einer der international bekanntesten Deutschen erblickte in Trier das Licht der Welt: Karl Marx (1818–83). Lange Zeit schämten sich die eher konservativen Trierer ihres ungeliebten Sohns. Heute überwiegt der Stolz, und Marx wird auch touristisch „verwertet": Sein Geburtshaus ist Pilgerstätte für Zigtausende chinesische Touristen. Weltbekannt ist auch das Produkt, das auf einen anderen Moselaner zurückgeht: Audi. Der Begründer der Automarke, August Horch, stammt aus Winningen bei Koblenz, wo ein Museum seine

Arbeit würdigt. Heute kommen Prominente in die Region, um Wein zu machen: Günther Jauch kaufte das Weingut von Othegraven (s. S. 120) an der Saar. Ein anderer Günther – Heidi Klums Vater – legte sich einen Weinberg in der Piesporter Lage „Günterslay" zu.

SHABBYCHIC

Nicht nur unzählige Burgruinen verpassen der Mosel ein romantisches Flair. Den Charme verfallender Architektur teilen auch viele alte Häuser und Winzerhöfe in den Ortskernen – allerdings weniger romantisch für die Einheimischen. Nicht nur die relativ häufigen Hochwasser machen ihnen das Leben unten am Fluss zu unbequem. Auch die räumliche Enge lässt sie hinaus in die so genannten Känguruviertel der Dörfer ziehen: „Große Sprünge, nichts im Beutel", ist der saloppe Kommentar zu den Neubauten am Ortsrand. An vielen alten Gemäuern hängen Schilder „Te koop", also „Zu verkaufen". Was wiederum auf eine schleichende Veränderung der Bevölkerung hinweist: Immer mehr Niederländer, Belgier oder auch Westfalen entdecken die historische Bausubstanz für sich und beleben sie neu. Sie sind nicht nur als Bauherren willkommen, sondern finden wegen der seit Jahren stabilen Vollbeschäftigung in der Region auch Jobs.

AHOI!

Römische Galeerensklaven ruderten riesige Weinfässer über die Mosel, um die Soldaten in der damaligen Hauptstadt Augusta Treverorum zu versor-

KLISCHEE KISTE

TAL DER MOSELOCHSEN?

Der Mosel haftet ein piefiges 60er-Jahre-Image an – und das nicht erst seit dem polarisierenden FAZ-Artikel, in dem Jakob Strobel y Serra unter dem Titel „Der Schönheit wohnt der Schrecken inne" die Moselaner als Moselochsen bezeichnete. Doch selbst wenn das Wasser – auch sprichwörtlich – nur langsam die Mosel hinabfließt, tut sich etwas im Moselland. Zwischen Schnitzelparadiesen, Kegelklubunterkünften und Hawaiitoasts auf den Tellern sprießen neue Designhotels, kreative Sterneküche, moderne junge Winzer und touristische Angebote wie „Schlafen im Weinfass" aus dem Boden. Gerne mehr davon! Und die schöne Natur ist ja sowieso zeitlos ...

BEAMTENMETROPOLE

Sosehr sich Koblenz anstrengt, mit der Bundesgartenschau, dem schicken Einkaufszentrum *Forum Mittelrhein* und vielen modernen Arbeitsplätzen sein angestaubtes Image loszuwerden – in keiner anderen deutschen Stadt gibt es pro 1000 Einwohner mehr Beschäftigte des öffentlichen Dienstes. Dafür sorgen mehrere Dutzend Behörden, die dort ihren Sitz haben. Glücklicherweise sind auch viele Beamte mittlerweile weit weg vom Stereotyp Mann mit Schlips und Hut.

gen. Die Mosel wird bereits seit der Antike befahren. Heute ist sie eine Schifffahrtsstraße von internationaler Bedeutung, und das trotz ihres starken Gefälles von rund 670 m. Dafür sorgen 28 Staustufen mit Schleusen zwischen Koblenz und dem französischen Neuves-Maisons. Die zehn deutschen Staustufen bekommen nun Fischwechsel- anlagen, damit Aale, Zander & Co. mehr Bewegungsfreiheit haben. Rund 10 000 Lastkähne mit Kohle und anderen Gütern durchpflügen pro Jahr den Fluss, hinzu kommen gut 3000 Fahrgastschiffe. Da die Mosel auf den 243 km, die sie durch Deutschland fließt, mit vielen kleinen Anlegestegen zur Wasserwanderroute ausgebaut ist, sind auch unzählige Sportboote und Kanus unterwegs.

STEIL, STEILER, STEILST

Da besonders die Terrassenmosel ein waschechter Canyon ist, braucht man bei manch einer Weinbergwanderung so viel Schwindelfreiheit und Trittsicherheit wie in den Alpen. Manche Winzer haben sich deshalb eine moderne Monorackbahn gekauft, um ihren Weinberg hinauf- und hinunterfahren zu können. Da die einschienigen Zahnradbahnen teuer sind, überwinden viele Weingärten immer noch wie Bergziegen die bis zu 68 Grad steile Hangneigung und arbeiten dabei auch noch. Hangrutsche, die vor den Bundesstraßen am Ufer nicht haltmachen, sind in der steilen Lage keine Seltenheit. Gefährlich wird es, wenn der Frost das Schiefergestein aufgesprengt hat. Dann sind die Straßen häufig gesperrt. Und trotz alledem werden brachliegende Weinberge wie der Bremmer Calmont oder die Enkircher Ellergrub zunehmend rekultiviert. Das liegt an der Sonneneinstrahlung: Auf steile Hänge scheint die Sonne im Sommer senkrecht, dadurch ist es hier so warm wie viele Hundert Kilometer weiter südlich. Der Schieferboden speichert die Wärme hervorragend.

GEGENVERKEHR

Die Mosel als liebliches Flusstal? Na klar! Ausgedehnte Radtouren an ihrem Ufer? Immer doch! Und doch darf man eins nicht vergessen: den Autoverkehr. Denn der genießt auf der B 49 und der B 53 zwischen Koblenz und Trier die gleiche Aussicht auf das schmale Flusstal wie Wanderer und Radfahrer. Auch die 2019 eröffnete Hochmoselbrücke an der B 50 mag zur Verkehrsentlastung, nicht aber zur Landschaftsidylle beitragen.

STRAUSSWIRTSCHAFT

Die Winzer an der Mosel dürfen für einige Monate im Jahr ihren Wein direkt an Gäste ausschenken und ihnen Kleinigkeiten zum Essen anbieten. Dafür brauchen sie seit den Zeiten Karls des Großen keine Konzession. Sie hängen einfach einen Blumenstrauß, einen Rebenkranz oder einen Besen ans Tor, und alle wissen Bescheid. Wie viele dieser informellen Gastwirtschaften es an Mosel, Saar und Ruwer gibt, weiß wohl niemand. Einige Dutzend haben sich zu einer Arbeitsgemeinschaft zusammengeschlossen. Diese Winzer bieten einen Straußwirtschaftspass an, den man sich stempeln lassen kann. Wer in acht verschiedenen Straußwirtschaften eingekehrt ist, bekommt eine Flasche Wein gratis. Nach Ende der Saison werden Gewinne unter allen Passinhabern verlost.

IM WINGERT

Die Moselregion ist Deutschlands ältestes Weinanbaugebiet mit rund 2500 Winzerbetrieben. Hier gibt es Top-Weingüter wie Dr. Loosen in Bernkastel oder den Karthäuserhof in Trier-Eitelsbach, Nebenerwerbswinzer, die solide Tropfen nur für sich und ihre Gäste produzieren, ebenso wie Zulieferer für den Fassweinmarkt. Das Zepter im Wingert (Weinberg) und im Keller, wo der Traubensaft zu Wein wird, haben dabei längst innovative junge Leute übernommen. Sie haben eine Kehrtwende geschafft: vom Image des skandalumwitterten, süßen und billigen Fusels hin zu den anerkannt besten Weißweinen der Welt. Sie sind – anders als die Winzergenerationen vor ihnen – auch zu Experimenten und zum Netzwerken bereit. Die junge Garde setzt vermehrt auf ökologischen Weinbau und auf sogenannte Terroirweine, deren Aromen den besonderen Charakter des Bodens widerspiegeln. Bei manchen Winzern kann man sogar Weinstockpate werden. Dann gibt es zu Hause den Lieblingswein von genau den Reben, die du im Urlaub selbst gepflegt hast.

Typisch für die Dörfer an der Mosel: schmale Gassen, Fachwerk- und Natursteinfassaden

ESSEN SHOPPEN SPORT

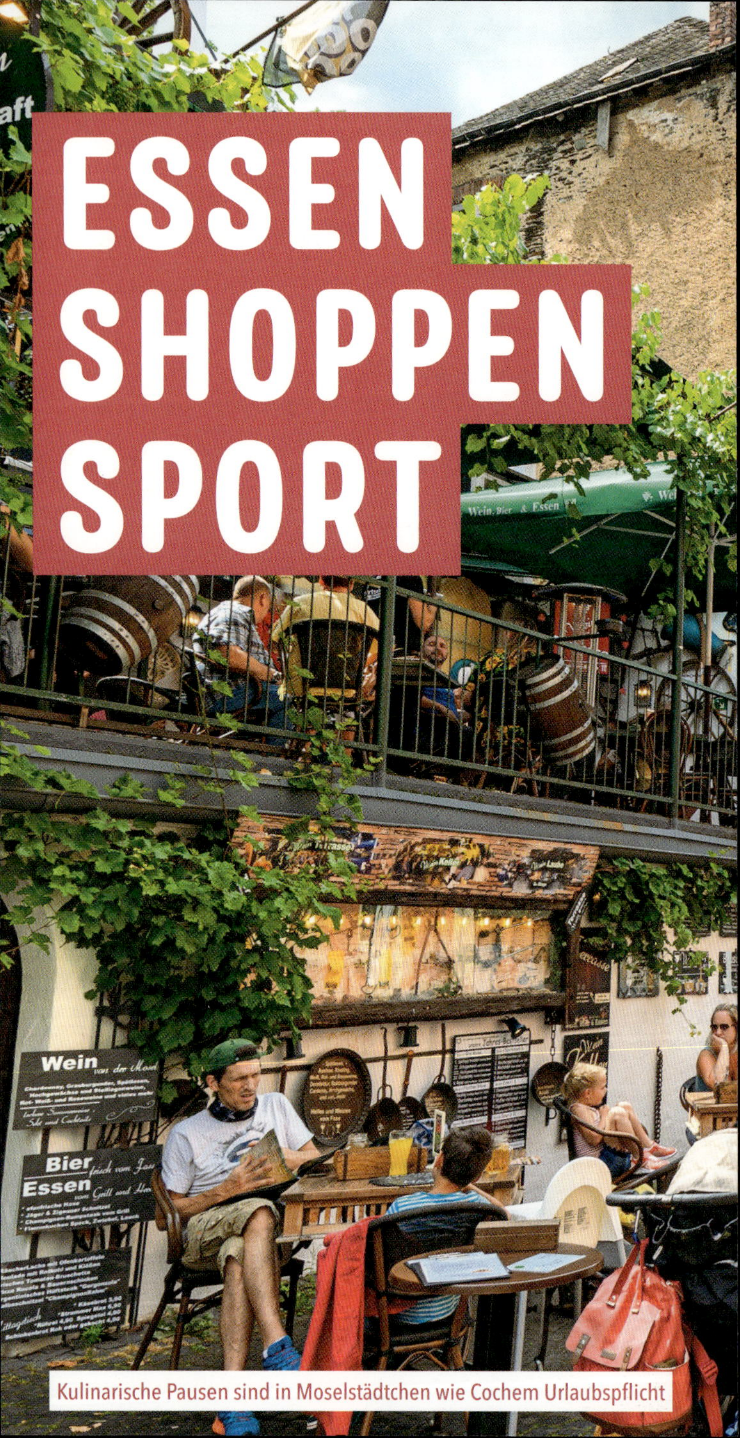

Kulinarische Pausen sind in Moselstädtchen wie Cochem Urlaubspflicht

Terrasse

ESSEN & TRINKEN

Wie gut, dass es hier so viele Möglichkeiten für sportliche Aktivitäten gibt, sonst würde ein Moselurlaub dank deftiger Moselküche und Wein zu fast jeder Tageszeit nicht selten in einer Kalorienfalle enden. Der Wein wandert aber nicht nur pur ins Glas, sondern auch in Saucen und Süßes.

DIE MOSEL POLARISIERT

In keiner Beziehung polarisiert die Mosel so sehr wie beim Essen. Urige Winzerschenken mit guter traditioneller Küche in Form von Winzersteak, Tresterbraten und Deppelappes, (einer Art Kuchen aus Kartoffeln, Zwiebeln, Speck und Mettwürstchen) und gehobene Sternerestaurants mit kreativem Pfiff treffen auf altbackene Schnitzelkönige, Biergärten mit Ballermannmusik (und -küche) sowie Conveniencetempel. Mit der glücklicherweise steigenden Zahl von qualitätsorientierten, empfehlenswerten Restaurants und Winzerschenken ist auch das Ambiente beim Essen und Trinken längst nicht mehr so plüschig und rustikal, wie sich die sogenannte Winzerromantik noch vor wenigen Jahren darstellte. Vielerorts glänzen die Restaurants und Weinstuben mit mediterraner Helle, mit großstädtischem Flair oder puristischer Eleganz. Auch wenn die regionaltypischen Accessoires wie Weinflaschen, künstliche Reben, Kork oder Gemälde und Fotografien mit Weinmotiven natürlich nicht fehlen dürfen.

ZWISCHEN MOSELKLASSIKERN & FRANZÖSISCHEM EINFLUSS

Neben den deftigen Fleischklassikern kamen in der moseltypischen Küche auch Moselfische wie Aal oder Wels oder ein Fischgulasch aus Zander auf den Tisch. Wegen der noch aus früheren Jahrzehnten stammenden Belastung des Flusswassers etwa mit

Wie wäre es mit einem Lachs-Kräuter-Salat (li.) und einem Riesling (re.) dazu?

Schwermetallen aus Lothringen landen in den Restaurants, die solche Gerichte anbieten, daher heute in der Regel Tiere aus anderen Regionen auf den Tellern.

Die junge Generation von Köchen steht für eine leichte und raffinierte Küche. Sie interpretieren die traditionellen Gerichte neu, sind experimentierfreudig und nehmen gern Inspirationen aus dem nahen Frankreich auf. Selbst Burgundertrüffel wird es dank eines neu angepflanzten Stieleichenhains bei Nittel an der Obermosel bald vor Ort geben. Der Muschelkalkboden, auf dem auch die Rebsorte Elbling wächst, ist für die Bäume und den sie begleitenden Edelpilz ideal. Allerbeste Voraussetzungen also für eine Küche auf höchstem Niveau: In der Moselregion sind immerhin acht Sterneköche beheimatet; Christian Bau in Perl und Clemens Rambichler in Dreis gehören mit je drei Michelinsternen sogar zur Elite der europäischen Küchenchefs.

Auch Vegetarier finden mehr und mehr Lokale, in denen das Portfolio an Fleischlosem über die Portion Pommes mit Salat hinausgeht. Mediterran interpretierte Flammkuchenvariationen, deftige Pilzgerichte oder schlichte Bratkartoffeln mit Spiegeleiern und Salat sowie regionale Frischkäsekreationen wie Grupfter oder Spundekäs stehen vielerorts auf der Karte. Nur für Veganer sieht es oftmals ziemlich schlecht aus. Nur nicht in der einzigen hundertprozentig veganen Weinstube der Mosel in Zeltingen-Rachtig.

ABER BITTE MIT RIESLING

Wer gutbürgerlich essen möchte, wird um den Riesling kaum herumkommen. Er verfeinert sogar manche Konfitüre und begleitet die Einheimischen so nicht selten durch den Tag. Denn Trinken heißt an der Mosel mit großer Selbstverständlichkeit Weingenuss – auch tagsüber. Eine Landschaft, die weltberühmte Lagen wie „Bernkasteler Doctor" oder „Wehlener Sonnenuhr" hervorbringt, kann gar nicht anders. Eine weltweite Rarität, die aufgrund des Klimas an der Mosel besonders gut erzeugt werden kann, ist der edelsüße Eiswein. Anhaltende Temperaturen von –7 Grad und eine Ernte in aller Herrgottsfrühe sind die Grundvoraussetzungen dafür, dass aus den noch im gefrorenen Zustand gepressten Rieslingtrauben ein intensiv süßer und hoch konzentrierter Wein wird.

ALKOHOLFREI ODER HOCHPROZENTIG?

Rebsaft als Traubensaftschorle ist das alkoholfreie „Nationalgetränk" an der Mosel. Als Aperitif dient meist der Weinbergpfirsichlikör, auch mit Sekt gemischt. Sekt wird in vielen Weingütern selbst erzeugt: Wein wird mit etwas Zucker und Hefe in dickwandige Flaschen gefüllt. Bei der Gärung in der Flasche entstehen Kohlensäure und Alkohol. Nach mindestens neun Monaten Lagerung werden die Flaschen kopfüber in ein Holzpult gesteckt und täglich ein Stück gedreht. So sammelt sich die Hefe im Flaschenhals. Nach mehreren Wochen „Rütteln" wird der Hefepfropf entfernt und die Flasche verkorkt – der Winzersekt ist fertig.

Den Magen stimmt zum Menüabschluss ein etwa 40-prozentiger Tresterschnaps gnädig, ein Destillat aus den Rückständen der Weinmaische. Die edlen und goldgelben Versionen dieser Schnäpse werden mindestens drei Jahre lang im Eichenfass gelagert. Viele Weingüter an der Mosel haben Brennrechte und dürfen selbst Trester oder auch Obstbrände herstellen.

Selten, aber doch moseltypisch ist der mit Honig und Traubensaft abgerundete Walnusstrinkessig. Er wird auch als Digestif genossen.

BIERBRAUEREIEN IM WEINLAND?

Im Moselland sind übrigens auch Bierbrauereien zu Hause, die Königsbacher Brauerei in Koblenz und die kleinen Brauhäuser im Kloster Machern, in Trier und in Mannebach z. B. Eine Alternative zum Wein ist auch der Viez, also ein Apfelwein, der dank zahlreicher Streuobstwiesen entsteht. Er ist gesund, erfrischend und enthält deutlich weniger Alkohol als Wein, wirkt allerdings auch abführend. Der sauerste Viez ist der Särkower, der Saargauer, aus Äpfeln, die süßeste Version wird aus Birnen gemacht.

DER ROTE WEINBERGPFIRSICH

INSIDER-TIPP
Ein Pfirsich im Weinberg

Man kommt an ihm im Moselland nicht vorbei: Der Rote Weinbergpfirsich begegnet einem allerorten: zu Likör, Konfitüre, Obstbrand, Dessertwein und Kompott verarbeitet oder eingelegt als Dessertzutat. Die Früchte sind kleiner, mit einer pelzigeren Schale ummantelt und deutlich weniger süß als die gängigen Sorten aus dem Supermarktregal. Die Pfirsichbäumchen wurden traditionell in Weinbergen angebaut, um Insekten anzuziehen, und schützen heute brachliegende Parzellen vor der Verbuschung.

Unsere Empfehlung heute

Für den kleinen Hunger

GRUPFTER
Frischkäse mit Eiern, Knoblauch und Butter geknetet

WINZERBROT MIT FRISCHER BUTTER
Weizen-Roggen-Brot mit Weinlaub, Walnüssen und Riesling

RIESLINGSUPP
Auf Geflügelfonds und Wein basierende Cremesuppe mit Bratwurst

SPUNDEKÄS
Frischkäse mit Sahne, Sahnequark, Zwiebeln und Knoblauch

KRUMPERSCHNIEDEN UND SCHALES
Kartoffeln und Apfelkompott

Fleischgerichte

ÄPPELFLEISCH
Geschmortes Schweinefleisch mit Äpfeln, Trester, Riesling und Rosinen

GEBOHRTE
Mit Fleisch und Ei gefüllte Schmorkartoffeln

TRESTERFLEISCH
In Wein und Trester eingelegtes Schweinegulasch

WEINGRÄWES
Rieslingsauerkraut mit Schweinerippchen und Mettwurst

Desserts

RIESLINGGELEE MIT VANILLESAUCE

NONNEFÜRZ UND MÄUSJER
In Öl gebackene, mit Zucker bestreute Teigbällchen

Getränke

CRÉMANT
Sekt aus Flaschengärung aus Riesling, Elbling und Burgundersorten

FEDERWEISSER
Most aus weißen Trauben, dessen Gärung begonnen hat

TRESTER
Destillat aus Traubenkernen und -schalen

SHOPPEN & STÖBERN

KALORIEN FÜR ZU HAUSE

Wein, (Trester-)Schnaps und im Herbst Federweißen können direkt bei den Winzern erworben werden – von der einzelnen Flasche bis zur Jahresration. Wer Orientierung und Beratung sucht, ist in der Vinothek des Weinmuseums in Bernkastel-Kues an der richtigen Adresse.

Viele Winzer gehen aber nicht nur mit edlen Tropfen kreativ um, sondern auch mit anderen erlesenen Zutaten. In Cochem findet sich in der Genussmanufaktur und seiner Senfmühle garantiert ein Mitbringsel für Feinschmecker. Aber auch bei vielen Direktvermarktern oder in kleinen Lädchen andernorts gibt es ausgefallene Konfitüren, Gelees und Aufstriche, Saucen und Gewürzmischungen.

Weinbergpfirsiche, Nüsse, heimisches Obst und Kräuter werden zu unverwechselbaren Kreationen, die es nur beim jeweiligen Weingut gibt.

Natürlich wird auch bio an der Mosel großgeschrieben. Wer Wert auf gesunde Ernährung legt und die Produkte der Region probieren möchte, ist bei den vielen Ökoweingütern und Bauernhofläden genau richtig. Viele davon sind beim Portal *bioeinkaufen.rlp.de* gelistet.

REBEN – AUCH ALS PATENSCHAFT

Den Lieblingsmoselwein als Rebstock – das gibt es bei vielen Winzern zu kaufen. Wer einen grünen Daumen, winzerisches Können und ein sonniges Plätzchen daheim besitzt, kann damit später rein theoretisch bis zu zwei Flaschen Wein im Jahr selbst erzeugen. Noch nachhaltiger ist eine Rebstockpatenschaft. Das Slow-Food-Projekt aus Traben-Trarbach setzt sich für den Erhalt der biologischen Vielfalt und Kulturlandschaft der Steillagen an der Mosel

INSIDER-TIPP
Karmapunkte sammeln

Regionales ist immer beliebt: Moselweine (li.) und Weinbergpfirsiche (re.)

ein. Infos unter: *slowfood.de/was-wir-tun/rebstock_patenschaften.*

MOSELFRÄNKISCHES

Wer sich im Moselland sprachlich orientieren will, ist mit einem Wörterbuch gut bedient: „Trierisch – meine ersten 270 Wörter" bringt Dialektunkundigen Erhellung. Auch das Kochbuch „Kochen aus der Lamäng" erweitert die Kompetenzen buchstäblich mundartlich.

Gleiches gilt für den Film „Freck langsam" (hochdeutsch: Stirb langsam), den es noch ganz klassisch auf DVD zu kaufen gibt (Kostprobe auf Youtube und Facebook). Alles zu haben u. a. bei der Trierer Touristinformation an der Porta Nigra.

JUNGE MODE

Die renommierte Fachhochschule Trier ist bekannt für die Ausbildung von Modedesignern. Einige von ihnen haben sich mit ihren Ateliers in der Region niedergelassen. Bereits fertig Genähtes gibt es in den Ateliers auch – sogar zu reduzierten Preisen, wenn es sich um Musterexemplare von Modenschauen handelt.

WER SHOPPT BEI WEM?

Das luxemburgische Steuerrecht machte die Obermosel einst attraktiv für „Kaffeefahrten". In den Städtchen Wasserbillig, Mertert und Grevenmacher sind Kaffee, Benzin, Alkohol und Zigaretten zwar deutlich preiswerter als nebenan in Deutschland, ansonsten ist das Preisniveau beider Länder jedoch gleich. Und so verirren sich auch die Luxemburger gerne mal zum Einkaufen nach Trier. Vorsicht: Beim Shoppen in Luxemburg dürfen nur Mengen für den persönlichen Gebrauch in den Kofferraum. Wo die Grenzwerte liegen, verrät die Rubrik „Reisen innerhalb der EU" auf *zoll.de.*

SPORT

Wer schlemmen kann, kann auch Sport treiben! Das geht im Moselland gleich in drei Elementen – vom Wandern auf dem Moselsteig und Radfahren auf dem Moselradweg über Kanutouren auf der Wasserwanderroute bis zu Drachenfliegen und Paragliding in den Lüften.

FLUGSPORT

Hoch hinaus und wieder tief hinab geht's im Fallschirmsportclub Trier. Vom *Flugplatz Föhren* aus wirst du (sofern du unter 90 kg wiegst) auf 3500 m Höhe geflogen, um dich dann zusammen mit einem versierten Fallschirmspringer in die Tiefe stürzen zu können *(Sa–So 10–19 Uhr | 200 Euro pro Flug | Tel. 06502 49 99 | fallschirmsportclub-trier.de)*.

Startplätze fürs Paragliding und Drachenfliegen gibt es aufgrund der idealen thermischen Voraussetzungen viele, u. a. in Zeltingen-Rachtig oder in Klüsserath. Näher informiert der *Drachenfliegerclub Trier (Tel. 06781 2 18 23 44 | dfc-trier.de)* oder der *Drachenfliegerclub Moselfalken (moselfalken.de)*.

GOLF

Golfen kann man an der Mosel auf der 18-Loch-Anlage *Ensch (Ensch-Birkenheck | Tel. 06507 99 32 55 | golf-club-trier.de)* zwischen Bekond und Leiwen sowie auf der Anlage *Ediger-Eller (Am Kellerborn 2 | Ediger-Eller | Tel. 02675 91 15 11 | golfcochem.eu)* auf dem Hochplateau bei Cochem auf einem 9- und einem 18-Loch-Platz.

KLETTERN

Baumkronen oder Felswände – an der Mosel haben Kletterfans die Wahl. Kletterparks gibt es u. a. in Cochem, in Taben-Rodt im Saargau, in Trier *(palais-ev.de)* und in Traben-Trarbach *(adven*

Ein Traum: mit dem Heißluftballon über die Mosel schweben

tureforest.de). Klettersteige in den Weinbergen wie bei Riol und Mehring, am Bremmer Calmont oder am Erdener Treppchen haben teils alpine Schwierigkeitsgrade, sind mit Stahlseilen gesichert und nur etwas für trittsichere und geübte Bergsteiger.

PADDELN

Die Mosel ist eine ausgezeichnete Wasserwanderroute, sowohl für Tagestouren als auch für mehrtägige Paddelabenteuer. Überall gibt es Verleihstationen für Kanus, beispielsweise *Fun-Time (Boot/Tag 48 Euro, Transferpauschale 20 Euro | Raiffeisenstr. 15 | Ober Kostenz | Tel. 06763 6714042 | funtime-kanuvermietung.de)* im Moselabschnitt zwischen Wolf und Neef. Und inzwischen haben auch die Moselaner den auf den Seen und an den Küsten der Republik längst etablierten Paddelbrettsport für sich entdeckt. Dass das auf der Mosel entlang der grün bewachsenen Steilfelsen viel mehr Spaß macht, als auf dem Badesee im Kreis zu paddeln, stellen sowohl Neulinge als auch eingefleischte Fans fest. Zum Beispiel in Winningen *(Fährstr. 1 | Tel. 0171 3100725)*, wo man Boards ausleihen, aber auch bei Kursen die ersten Versuche auf dem Brett wagen kann. Ein Glück, dass die Mosel auch in Sachen Fließgeschwindigkeit den entspannten „Hang Loose" raushängen lässt.

RADFAHREN

Mit dem ⚑ *Moselradweg* und den angeschlossenen Routen, die Abstecher in die Eifel- und Hunsrückhöhen erlauben, ist das Moselland bestens auf Radfahrer eingerichtet. Ob sportlicher Rennradler oder gemütlicher Radwanderer – auf dem Moselradweg kommen alle Fahrradfans auf ihre Kosten – und zwar gleichgültig, ob sie die ganzen 246 Kilometer von Perl bis

Der Moselradweg ist ein Radfahrerparadies auf 246 km Länge

Koblenz in einem Rutsch oder in fünf bis zehn Etappen zurücklegen. Verleihstationen, die meistens auch E-Bikes vorrätig haben, gibt es am gesamten Fluss. Wer nicht mehr weiter will, fährt einfach ein Stückchen mit dem Zug oder damit zurück zum Ausgangspunkt. Zudem haben sich etliche Restaurants und Hotels auf die besonderen Bedürfnisse von Radlern eingestellt, etwa der *Zeltinger Hof* in Zeltingen-Rachtig als vom ADFC empfohlener „Bed+Bike"-Gastgeber, der Räder ab 7 Euro pro Tag verleiht.

REITEN

Die das Moseltal umgebenden Eifel- und Hunsrückhöhen sind ideal für geführte Ausritte. Vom *Pyrmonter Hof (15–25 Euro/Std. | Pyrmonter Hof 1 | Tel. 02672 914633 | reiten-und-urlaub.net)* in Roes auf der Eifelseite geht es durch dicht bewaldete und zerklüftete Wildbachtäler hoch ins Maifeld und mit grandiosen Ausblicken zurück. Auch der Hochwald mit seinem See bei Kell lässt sich auf dem Rücken eines Pferds entdecken. Los geht's beim *Gestüt Fronhof (40 Euro/2 Std. | Kell am See | Tel. 06589 1277 | gestuet-fronhof.de).*

SCHWIMMEN

Zwar eignet sich die Mosel nicht zum Schwimmen, dafür gibt es aber einige Badegelegenheiten an den Eifeler

Maaren und an Nebenflüssen oder Bächen wie z. B. dem Butzerbach.
Sport-, Frei- und Erlebnisbäder gibt es in der Region etliche, vom *Tauris (tgl. 10–22 Uhr | Eintritt 9 Euro | tauris.net)* in Mülheim-Kärlich über das *Moselbad Cochem* u. a. mit Freibad und Wellenbad oder das großzügige *Vitelliusbad (Freibad Mo 10–20, Di–Fr 7.30–20, Sa, So 8–20 Uhr | Eintritt 4 Euro)* in Wittlich bis zum *Erlebnisbad Zeller-Land (Di–Fr 13–21.30, Sa/So 9–19 Uhr | Eintritt 5,60 Euro | erlebnisbad-zell.de)* mit Riesenrutsche und Beachvolleyball.

SKATEN

Der *Moselradweg* und andere ausgewiesene Radrouten sind ebenso für Inlineskater geeignet. Einen Skate- und Inlinerpark gibt es in Bernkastel-Kues *(Peter-Kremer-Weg 2)*, einen Skatepark in Trier *(Pluwiger Str. | Trier-Trarforst)*.

WANDERN

Um die landschaftliche Schönheit des Mosellands zu Fuß zu erkunden, müssen es nicht zwangsläufig die ganzen 24 Etappen und 365 Kilometer des Moselsteigs sein. Einzelne Etappen lassen sich durch die vielerorts gute Bahnanbindung leicht als Tagesausflug realisieren.
Aber auch die prämierten Rundwanderwege des Fernwanderwegs, die als „Seitensprünge" beziehungsweise im Bereich der unteren Mosel als „Traumpfade" bezeichnet werden, geben einen schönen Einblick in die landschaftliche Vielfalt des Mosellands. Einige von ihnen wurden bereits vom Wandermagazin zum Wanderweg des Jahres gekürt, wie der *Traumpfad Hatzenporter Laysteig* im Jahr 2018 (3. Platz), der *Traumpfad Pyrmonter Felsensteig 2015* oder der *Traumpfad Eltzer Burgpanorama* im Jahr 2013. Der Name ist also durchaus Programm.
Während es auf den Traumpfaden gerade an sonnigen Wochenenden schnell mal zu Wanderstaus kommen kann, gibt es auch noch echte Geheimtipps. Dazu zählt der Erlebnisweg *Moselkrampen* bei Beilstein. Oder der ebenfalls fast schon als alpin zu bezeichnende *Würzlaysteig* zwischen Lehmen und Löf, der parallel zum Moselsteig verläuft.

INSIDER-TIPP
Würzig wandern

WASSERSKI

Auf rund zwei Dutzend Moselabschnitten ist das Wasserskifahren erlaubt, Voranmeldungen sind allerdings notwendig. Weltmeisterin *Steffi Kirsch* und ihre Tochter Jacky bieten in Schleich am Steg des *Hotels Sonnental (Am Kraftwerk 1 | Schleich)* Anfängerkurse und Runden für geübte Wasserskifahrer an *(Anfängerkurs 42 Euro, 21 Euro/Runde | Tel. 06507 9 91 33 u. 0172 6 78 80 86)*.
In Koblenz ist Wasserskispaß auf der Mosel beim *Wasserski-Club Koblenz e. V. (April–Sept. Sa/So | Anfängerkurs 40 Euro | Am Gülser Bootshafen | Koblenz-Güls | Tel. 0151 20 58 74 60 | wasserskiclub-koblenz.de)* angesagt. Auskunft über die für Wasserski freigegebenen Strecken erteilt das *Wasser- und Schifffahrtsamt Koblenz*.

DIE REGIONEN IM ÜBERBLICK

Koblenz
Mayen
Rhein
Mosel
Cochem
MITTELMOSEL S. 72
Zwischen antiken Ruinen und Fachwerk wird Entschleunigung gelebt
TRIER & UMGEBUNG S. 90
In Deutschlands Zentrum der Antike Europas Herz schlagen hören

KOBLENZ & UMGEBUNG

PREUSSISCHE DISZIPLIN UND SAVOIR-VIVRE

Koblenz *(📖 F2)* **vereint Mosel und Rhein, und moderne Nüchternheit trifft hier auf südländische Lässigkeit.**
Wer sich der 110 000-Ew.-Universitätsstadt vom Autobahnkreuz Koblenz aus nähert, fühlt sich in die Außenbezirke einer amerikanischen Großstadt versetzt. Im vierspurigen Stop-and-Go geht es vorbei an Gewerbegebieten mit Shoppingmalls und Werbetafeln. Hinter der Europabrücke beginnt eine andere Welt mit kopfsteingepflasterten Altstadtgassen, liebevoll bepflanzten Parks und einer

Fachwerkfassaden prägen die Altstadt von Koblenz

romantischen Rheinuferpromenade. Seit der Bundesgartenschau 2011 wurden aus Parkplätzen Blumenwiesen.

Die lebensfrohe Art der Koblenzer, die sich auch bei den zahlreichen Kulturveranstaltungen, Festen und Festivals zeigt, hat ihnen den Spitznamen „Schängel" eingebracht: Das Wort ist vom französischen Jean abgeleitet und ein selbstironischer Verweis auf die vielen von französischen Besatzern abstammenden Kinder deutscher Mütter. Am Rathaus plätschert ihnen zu Ehren der Schängelbrunnen.

KOBLENZ & UMGEBUNG

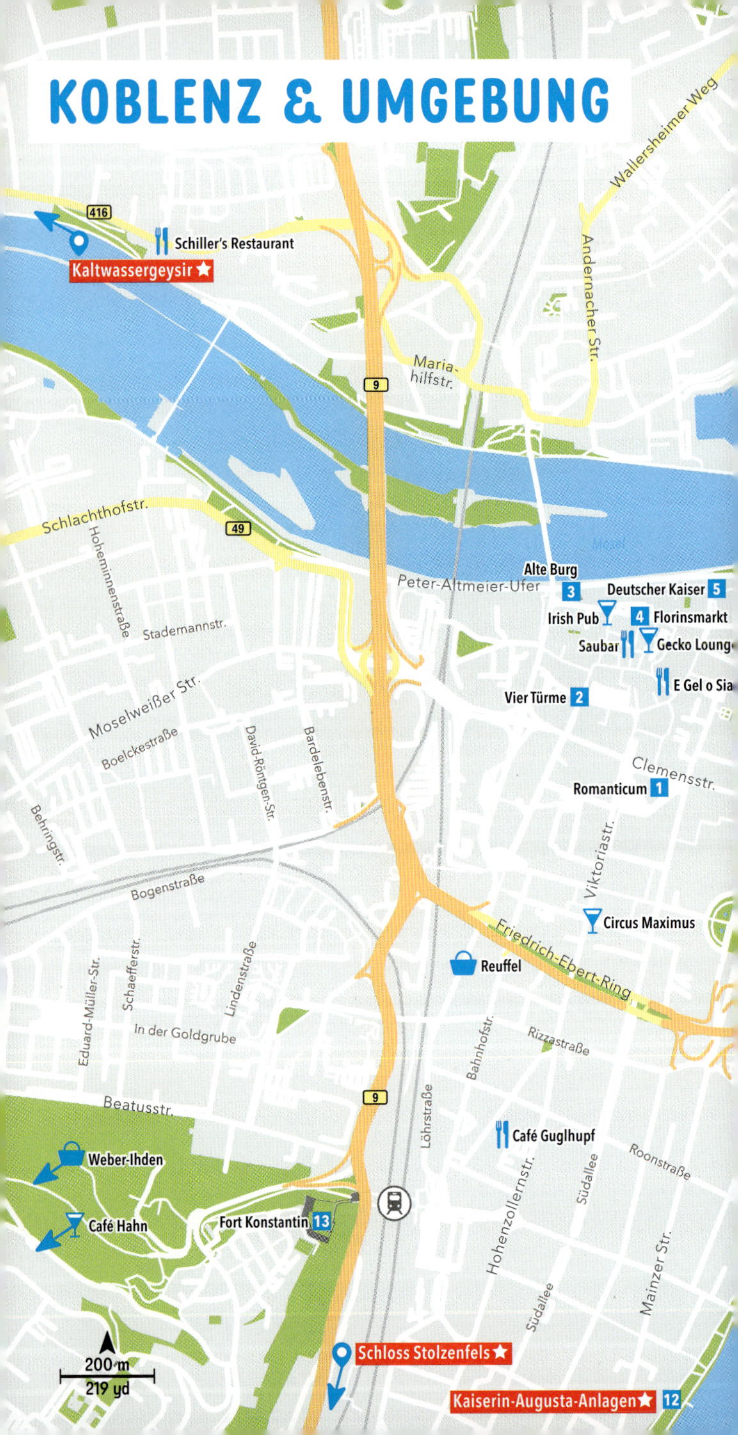

MARCO POLO HIGHLIGHTS

★ **DEUTSCHES ECK**
Mundung der Mosel in den Rhein
➤ S. 45

★ **FESTUNG EHRENBREITSTEIN**
Zweitgrößte Festungsanlage in Europa
➤ S. 46

★ **KAISERIN-AUGUSTA-ANLAGEN**
Rheinpromenade mit Gartenkunst
➤ S. 46

★ **SCHLOSS STOLZENFELS**
Burgenromantik hoch über dem Rhein
➤ S. 50

★ **KALTWASSERGEYSIR**
Der höchste Kaltwassergeysir der Welt sprudelt in Andernach ➤ S. 52

★ **KULTURPARK SAYN**
Schloss, Burg, Museen und Schmetterlingsgarten ➤ S. 51

Touristenmagnet: Am Deutschen Eck mündet die Mosel in den Rhein

Willkommen in Koblenz oder wie die alten Römer sagen würden, im „castellum apud confluentes" (Kastell beim Zusammenfluss). Rund um das Deutsche Eck, wo die Mosel in den Rhein fließt, ist die Stadt am schönsten. Schmale Gassen, Fachwerkhäuser, blumengesäumte Parkanlagen dominieren die Altstadt.

Die Frage, welcher Blick wohl schöner ist – der von der Rheinpromenade zur Festung Ehrenbreitstein oder der von der Festung Ehrenbreitstein auf das Deutsche Eck –, ist gar nicht so einfach zu beantworten. Fakt ist: Eine Seilbahnfahrt mit der Gondel lohnt sich allemal. Genauso wie die Suche nach den gemütlichen Caés und Kneipen, kleinen Läden und Kunsthandwerksateliers, die sich in den Seitenstraßen rund um die typische Fußgängerzone deutscher Städte verstecken.

SIGHTSEEING

1 ROMANTICUM

Statt schnarchigen Exponaten und langweiligen Museumsführungen heißt es im Romanticum im Forum Confluentes „Schiff ahoi!". Während der interaktiven „Kreuzfahrt" durch das Unesco-Welterbe Oberes Mittelrheintal werden nicht nur Kinder, sondern auch Erwachsene an 70 Mitmachstationen gern zum Rheinschiffkapitän. *Tgl. 10–18 | Eintritt 6 Euro | Zentralplatz 1 | romanticum.de |* ⏲ *60–90 Min.*

2 VIER TÜRME

Auch die Fußgängerzone in Koblenz hat reizvolle Ecken – so an der Kreuzung Altengraben/Am Markt/Marktstraße/Löhrstraße. Wer hier nach oben schaut, sieht die kunstvoll gestalteten

Erker der barocken Eckhäuser. Sie wurden Ende des 17. Jhs. gebaut. Die Verzierungen sind mal kriegerisch mit Musketen und Geschützen gestaltet, mal verspielt mit Pflanzen und Putten.

3 ALTE BURG

Ursprünglich romanischer Wohnbau auf den Resten eines römischen Rundturms der Stadtmauer, dank vieler späterer Umbauten heute ein Stilmix aus Spätgotik, Renaissance und Barock. Untergebracht ist hier das Stadtarchiv. *Burgstr. 1*

4 FLORINSMARKT

Zum romantischen Architekturensemble an der Florinskirche gehören ein gotisches Schöffenhaus und das Kauf- und Danzhaus von 1419, das seit dem Umbau im 17./18. Jh. auch barocke Elemente zieren. Hier wurde einst gehandelt und getanzt. Unter der Turmuhr von 1724 zieht der „Augenroller" seine Fratzen: Im Takt des Pendels verdreht der Kopf die Augen und streckt die Zunge raus – angeblich ist er ein Abbild des Raubritters Johann Lutter von Kobern auf dem Weg zum Schafott. Die Mauern bergen heute die Schätze des *Mittelrheinmuseums (Di–So 10–18 Uhr | Eintritt 6 Euro | mittelrhein-museum.de | ⏲ 45 Min.)*, zu denen vor allem bedeutende Gemälde der Rheinromantik gehören.

5 DEUTSCHER KAISER

Der quietschrote und mit einem auffälligen Zinnenkranz ausgestattete gotische Wohnturm aus dem 15. Jh. überlebte als einziger im Altstadtteil am Moselufer die Zerstörungen des Zweiten Weltkriegs ohne größere Blessuren. *Kastorstr. 3*

6 DEUTSCHES ECK ★

Am Rand der Altstadt mündet die Mosel in den Rhein. Hoch über den beiden Flüssen am Ufer reitet seit 1897 Kaiser Wilhelm I. Im Zweiten Weltkrieg verlor das 37 m hohe Reiterstandbild seinen überlebensgroßen Feldherrn, doch heute können Pferd und Reiter wieder in alter Pracht bewundert werden. Die meisten der ca. 2 Mio. Besucher pro Jahr genießen allerdings vor allem die Sicht auf den Rhein und die Festung Ehrenbreitstein. *Konrad-Adenauer-Ufer*

7 DEUTSCHHERRENHAUS

Wenn Picasso auf Pop-Art trifft, dann bist du im Ludwigmuseum für zeitgenössische Kunst im Deutschherrenhaus. Dank wechselnder Ausstellungen auch etwas für Wiederholungstäter! *Di–Sa 10.30–17, So 11–18 Uhr | Eintritt 6 Euro | Danziger Freiheit 1 | ludwigmuseum.org | ⏲ 45 Min.*

WOHIN ZUERST?

Vom **Forum Confluentes** am Zentralplatz kannst du die meisten Sehenswürdigkeiten zu Fuß erreichen. Jeden Tag um 10.30 Uhr startet an der Touristinformation im Forum eine Stadtführung (7 Euro). Parken kann man im gegenüberliegenden Schängel-Center oder in der Tiefgarage Josef-Görres-Platz. Die Buslinie 1 hält am Zentralplatz.

8 FESTUNG EHRENBREITSTEIN ★

Den weiten Blick von hier oben wussten bereits die vorchristlichen Siedler zu schätzen, und auch die Preußen machten ihn sich zunutze, als sie 1817–28 die eigentliche Festung errichteten. Heute befördert die zur Bundesgartenschau 2011 gebaute Seilbahn Besucher aus der Altstadt direkt auf den Festungshügel. Selbst Einheimische stellen sich gern zum Sonnenuntergang in die Schlange am Kassenhäuschen, die zu späterer Stunde immer kürzer wird. Insider warten auf die Kabine 17, denn diese ist die einzige Kabine, in der man dank eines Glasbodens „den vollen Durchblick" hat.

INSIDER-TIPP
Kabine 17 bitte!

Aber auch die *Festung* selbst (immerhin die zweitgrößte Festungsanlage Europas) und das *Landesmuseum Koblenz (Ende März–Okt. tgl. 10–18, Nov.-Ende März 10–17 Uhr | Eintritt 7 Euro | landesmuseum-koblenz.de | ⏲ 1–2 Std.)* mit wechselnden Ausstellungen zur Kultur- und Wirtschaftsgeschichte von Rheinland-Pfalz sind einen Blick wert. Schön sind auch die hier veranstalteten Konzerte und Events.

9 ST. KASTOR

Die älteste Kirche von Koblenz ist mit ihrem üppigen Blumengarten nicht nur von außen sehenswert. Ihre Geschichte sowie das kunstvolle Deckenfresko müssen auch Papst Johannes Paul II. so gut gefallen haben, dass er dem 842 geweihten Gotteshaus den Ehrentitel „Basilica Minor" verlieh. *Kastorhof 8*

10 KURFÜRSTLICHES SCHLOSS

Das klassizistische Schloss ist umgeben prachtvolle Blumenrabatten und Parkanlagen. Kurfürst Clemens Wenzeslaus ließ es von 1777 bis 1786 erbauen. 1850–57 residierte hier der preußische Militärgouverneur Prinz Wilhelm – später Kaiser der Deutschen. Das nach dem Zweiten Weltkrieg wiederaufgebaute Schloss beherbergt nun ein Restaurant. Manchmal finden hier auch Events statt. *Neustadt 24*

11 WEINDORF 🏴

Ein Winzerdorf mitten in der Stadt? Das gibt es in Koblenz direkt am Rheinufer. Seit der Ausstellung „Deutscher Wein" 1925 wird dort Wein ausgeschenkt, heute schmeckt's in Kombination mit Musik und regionalen Spezialitäten. Gleich nebenan wächst Weißburgunder auf dem „Schnorbach Brückstück", der einzigen Weinlage der Innenstadt. *Jan./Feb. Sa/So 11–23, März, Nov./Dez. tgl. 16–23, April-Okt. Mi–Mo 11/12–23 Uhr | Julius-Wegeler-Str. 2 | weindorf-koblenz.de*

12 KAISERIN-AUGUSTA-ANLAGEN ★

Großzügige Stufen zum Rheinufer hinunter sind heute Treffpunkt für Sonnenhungrige, Flussfans und Erholungssuchende. Wem das zu langweilig ist, kann noch einen Blick in den Landschaftsgarten mit Kunstdenkmälern und Plastiken werfen, der übrigens der Gattin von Kaiser Wilhelm I., Kaiserin Augusta, zu verdanken ist. Sie gab ihn beim Gartenbaugenie Peter Lenné in Auftrag.

In nur fünf Minuten geht es mit der Seilbahn hinauf zur Festung Ehrenbreitstein

13 FORT KONSTANTIN

Das preußische Fort am nördlichen Steilhang des Karthäuserbergs ist beinahe vollständig erhalten. Im Zweiten Weltkrieg diente es als Bunker, bis in die 1960er-Jahre war das Fort Zufluchtsort für obdachlose Familien. Heute ist die Anlage Schauplatz von Kulturveranstaltungen und beherbergt das *Rheinische Fastnachtsmuseum (April–Sept. 1. u. 3. Woche im Monat Sa/So 14–17 Uhr | Eintritt 2 Euro | Am Fort Konstantin 1 | fastnachtsmuseum-koblenz.de | ⏲ 45 Min.). pro-konstantin.de*

ESSEN & TRINKEN

CAFÉ GUGLHUPF

Nicht nur zum Frühstücken eine gute Adresse: Hausgemachte Suppen, Eintöpfe und Aufläufe stehen auf der täglich wechselnden Mittagskarte. Auch Kuchen, Muffins, Kekse, Brötchen und Marmelade sind aus eigener Herstellung. *Tgl. | Emil-Schüller-Str. 1 | Tel. 0261 88 97 77 65 | guglhupf-koblenz.de | €*

E GEL O SIA

Statt „O sole mio" singt man in Koblenz „E gel o sia" und himmelt damit das beste Eis der Stadt an. Für eine Kugel „Crema", die Hausspezialität, die ihren Geschmack durch das Mitkochen von Zitronenschalen, Kaffeebohnen und Zimtstangen erhält, lohnt sich das Schlangestehen! *Tgl. | Braugasse 6 | egelosia.de | €*

INSIDER-TIPP
Die perfekte Crema

GERHARDS GENUSS-GESELLSCHAFT

Gehobene Kochkunst in besonderem Ambiente: Georg Gerhards serviert im

Ein Weinfass weist den Weg in die Winninger Weinstuben

Blumenhof, nur wenige Meter vom Deutschen Eck entfernt, Leckeres mit internationalem Touch – wie Avocado-Mango-Salat mit gegrillten Scampi und Teriyaki-Sauce oder Barbarie-Entenbrust mit Sesam-Dattel-Chutney. Schöne Terrasse, innen historisches Gewölbe. Freundlicher, sehr guter Service. Vielfältige Weinkarte mit regionalen und internationalen Weinen *Mo/Di geschl. | Danziger Freiheit 3 | Tel. 0261 91 49 91 33 | gerhards-genuss gesellschaft.de | €€–€€€*

SAUBAR

Zur Currywurst mit hausgemachter Sauce wird in diesem versteckt in einer kleinen Gasse liegenden Bar-Restaurant-Café ein Glas Champagner angeboten. Die Karte umfasst allerlei deftige „Sauereien", wie „Kowelenzer Fressbrett", Saumagen, Kotelett oder „Himmel und Erd". Auch Vegetarier müssen dank Flammkuchen & Co. nicht hungern. *So/Mo geschl. | Münzstr. 16a | Tel. 0261 98 86 22 66 | sau bar-koblenz.de| €–€€*

WINNINGER WEINSTUBEN

Schinkeneisbein in Riesling mariniert, Flammkuchen oder gefüllte Kartoffelklöße werden in den Winninger Weinstuben im rustikalen Winzerambiente serviert. *Mo geschl. | Rheinzollstr. 2 | Tel. 0261 3 87 07 | winninger-weinstu ben.de | €*

SCHILLER'S RESTAURANT

Feinschmecker können im Stadtteil Lützel Raffiniertes wie Tatar von der gebeizten Bachforelle an Meerrettichmousse probieren. Mike Schiller liebt französische Inspirationen, die auch regionalen Zutaten zugutekommen. *So/Mo geschl. | Mayener Str. 126 | Tel. 0261 96 35 30 | schillers-restaurant.de | €€€*

SHOPPEN

REUFFEL

In dieser Buchhandlung gibt es in limitierten Auflagen einzigartige Stofftaschen mit Motiven von Künstlern, die in Koblenz leben oder arbeiten. *Löhrstr. 92 | reuffel.de*

WEBER-IHDEN
Individuelle Designermode, auf den Leib geschneidert und frisch aus dem Atelier, manchmal auch ein preisreduziertes Abendkleid aus einer Modenschau findet frau bei Eva Weber-Ihden in Koblenz-Moselweiß. *Burgweg 32 | mode-atelier-weber-ihden.de |* 🗺 *f2*

SPORT & SPASS

KARTBAHN ☂
Wer Geschwindigkeit und Kurven liebt, ist auf der 600 m langen Indoor-Kartbahn *Conquest-Cart-Center* genau richtig. *Mo–Do 15–22, Fr 15–23, Sa 13–24, So 12–22 Uhr | 12 Euro/Runde | Kesselheimer Weg 22 | Tel. 0261 80 02 45 | kart-koblenz.de*

RADTOUR
Die *Confluentia Themenroute* mit Start und Ziel am Hauptbahnhof schlängelt sich teils an Mosel und Rhein entlang über rund 20 km durch Koblenz. Auch Hobbystrampler können den Infotafeln folgen und nebenbei allerhand Infos über die Stadt und ihre Sehenswürdigkeiten abstauben.

STATT STRAND
Sandburgen bauen, Beachvolleyball spielen oder sich einfach mit einem Drink in die Sonne legen und auf den Mosel-Stausee schauen, das alles geht am Statt Strand am Stadtrand im Ortsteil Metternich. Palmen und Sonnenschirme sorgen für Schatten, der feine Sand unter den Füßen für ein Kitzeln zwischen den Zehen. *Mai–Okt. tgl. 10–1 Uhr | Universitätsstr. | statt-strand-koblenz.de*

AUSGEHEN & FEIERN

CAFÉ HAHN
Seit 30 Jahren gibt es fast jeden Abend Programm im mit Sicherheit angesagtesten Musik- und Kleinkunstclub am Mittelrhein, von Comedy und Kabarett bis Jazz, Rock oder Blues. Die Künstler sind teils hochkarätig wie Jürgen Becker, teils (noch) unbekannte Geheimtipps. Und die mehrtägigen Events wie das Oster- oder das Weihnachtsvarieté sind absolut Kult! *Mo–Sa ab 18.30, So ab 17.30 Uhr | Neustr. 15 | Tel. 0261 4 23 02 | cafehahn.de*

INSIDER-TIPP
The Greatest Show(man)

CIRCUS MAXIMUS
Independent-Sounds, Greenpeace-Fotoausstellung, Party oder Kellerkino – der Circus Maximus macht seinem Namen alle Ehre. Mindestens dreimal pro Woche steppt hier der Bär. *Bistrobereich: Mo–Do 17–1, Fr 17–3, Sa 17–6 Uhr | Stegemannstr. 30 | Tel. 0261 3 00 23 57 | circus-maximus.org*

GECKO LOUNGE
Die Bar liegt mitten in der Altstadt in einem Gewölbekeller. Hier gibt es Drinks, schicke internationale Küche und an manchen Tagen Livejazz und andere Musik. *Tgl. ab 18 Uhr | Gemüsegasse 14 a | Tel. 0261 1 00 43 34 | geckolounge.de*

IRISH PUB
Der Irish Pub gehört mittlerweile ebenso zu Koblenz wie seine römischen Grundmauern. Seit 30 Jahren sorgen die Gründer Shay Dwyer und

Bernard McGowan mit Konzerten (samstags), Karaoke (mittwochs), Quiz Nights (dienstags) sowie regelmäßigen irischen Tanzveranstaltungen oder Lesungen für Abwechslung im Koblenzer Nachtleben. Sogar Chris de Burgh oder die Subways haben sich schon hierher verirrt. *Lounge: Mo–Do 16–1, Fr 16–2, Sa 15–2, So 18–1 Uhr | Burgstr. 7 | Tel. 0261 97 38 13 88 | irishpubkoblenz.de*

PUBLIC LOUNGE BAR

Flüssiges aller Art gibt's mitten in der Koblenzer Altstadt – vom Cocktailklassiker bis zu Trendkreationen wie dem Gin Basil Smash, der umringt von stylishen Backsteinmauern oder im Sommer auch auf der Terrasse schmeckt. *Di–So ab 18 Uhr I Rheinstr. 15 I Tel. 0261 97 37 47 77 I thepublic.bar*

INSIDER-TIPP
Gintastic!

RUND UM KOBLENZ

SCHLOSS STOLZENFELS ★

7 km/10–15 Min. Autofahrt von Koblenz

Mit hellen Mauern und Zinnen, mit Park und Gärten verführt das ursprünglich im 13. Jh. erbaute Schloss zum Schwärmen. Allein der Fußpfad zum Schloss, vorbei an Wasserfall und Felsgrotte, ist eine rund 15-minütige Zeitreise. Die 1689 von den Franzosen zerstörte Anlage wurde ab 1836 nach Plänen des berühmten Architekten

Karl Friedrich Schinkel wiederaufgebaut. Äußerlich fällt der Mix aus blockartigen Bauteilen mit Flachdächern und Zinnenkränzen im Stil der neugotischen Schlösser Englands und mittelalterlichen Elementen auf. Im Inneren geht die Zeitreise dann weiter. Hier beeindrucken besonders der Rittersaal und die Sommerhalle. *Feb./März Sa/So 10–18, April–Okt. Di–So 10–18, Nov. Sa/So 10–17 Uhr | Eintritt 5 Euro | Am Schlossweg 1 | Koblenz-Stolzenfels | schloss-stolzenfels.de | F3*

Im Rittersaal von Schloss Stolzenfels

KULTURPARK SAYN ★

15 km/20 Min. Autofahrt von Koblenz

Im Bendorfer Ortsteil Sayn gibt es für jeden etwas. Dicht an dicht liegen hier ein *Schmetterlingsgarten (März–1. Adventssonntag)* mit filigranen Flatterschönheiten, Echsen und Wachteln, ein *Eisenkunstgussmuseum*, ein *Mühlenmuseum*, eine *Abtei*, eine *Burg*, das *Industriedenkmal Eisenhütte*, ein *Limes-Wachturm* und ein *Kletterwald*. Und zudem ein barockes *Schloss*, in dem noch immer die Fürstenfamilie zu Sayn-Wittgenstein zu Hause ist. *Infos über die einzelnen Attraktionen, Öffnungszeiten und Eintrittspreise bei der Schlossverwaltung Sayn | Schlossstr. 100 | Bendorf-Sayn | Tel. 02622 90240 | sayn.de | 1–2 Std. | E1*

NEUWIED

20 km/20 Min. Autofahrt von Koblenz

Die Deichstadt Neuwied (65 000 Ew.) liegt am Rand des Westerwalds. Neben dem spätbarocken *Schloss Engers*, dem *Deichinformationszentrum* und der ehemaligen *Abtei Rommersdorf* gibt es hier auch Kurioses: Das *Deutsche Flippermuseum (Sa/So 14–18 Uhr | Eintritt: 6 Euro I Hermannstr. 9 | flippermuseum.eu | 1–2 Std.). D–E2*

ANDERNACH

20 km/20 Min. Autofahrt von Koblenz

Schon mal von der „Essbaren Stadt" gehört? Die ist zugleich noch eine der ältesten deutschen Städte: Andernach (30 000 Ew.). Statt Rosen, Tulpen und Nelken wachsen in den Grünanlagen rund um die mittel-

INSIDER-TIPP **Erntehelfer**

alterliche Burgruine und die historische Stadtmauer Nutzpflanzen, die von Bürgern und Besuchern auch geerntet werden dürfen.

Wer genug genascht hat, kann auf einem 3,5 km langen Rundweg eine Zeitreise bis ins Mittelalter unternehmen. Hier kommt man auch an Bollwerken am Rhein, historischen Schwimmkränen zum Verladen von Mühlsteinen und einem 56 m hohen Turm aus dem 15. Jh. vorbei, der selbst den Sprengversuchen der Truppen Ludwigs XIV. standhielt.

Noch höher als der Turm, nämlich bis zu 60 m, spritzt der weltweit höchste ★ *Kaltwassergeysir* auf der Halbinsel Namedyer Werth alle zwei Stunden sein Wasser. Vom modernen Erlebniszentrum in der Altstadt – Teil des nationalen Geoparks *Vulkanland Eifel* – setzt viermal täglich ein Schiff auf die wild bewachsene Rheinhalbinsel über *(Abfahrten 11.15, 13.05, 15 u. 17 Uhr). März–Okt. 9–17 Uhr | 12,50 Euro | Konrad-Adenauer-Allee 40 | geysir-andernach.de |* *D2*

MENDIG

30 km / 30 Min. Autofahrt von Koblenz

Die 8500-Ew.-Stadt steht auf Basalt. Große Teile sind von riesigen, durch den Untertageabbau von Mühlsteinen entstandenen Gruben unterhöhlt, in denen u.a. das Bier der bis zu 28

Wie funktioniert ein Geysir? Das Erlebniszentrum in Andernach erklärt es

Brauereien gelagert wurde, die im 19. Jh. hier ansässig waren. Die *Vulkan-Brauerei (tgl. 11–22 Uhr | Laacher-See-Str. 2 | vulkan-brauerei.de)* produziert als Erlebnisbrauerei bis heute frisches Obergäriges, das im hauseigenen *Brauhaus* (€) zu genießen ist.

Die zu Kellern umgestalteten Gruben gehören zu den Sehenswürdigkeiten der Erlebniswelt *Lava Dome (Di–So 10–17.30 Uhr | Eintritt mit Kellerführung 9,50 Euro | Brauerstr. 1 | lava-dome.de | 1–2 Std.)*. Überirdisch erfahren Besucher auf 700 m² in einer Multimediashow und einer Ausstellung alles über die explosiven Seiten von Mutter Erde. *D3–4*

LAACHER SEE

30 km / 30 Min. Autofahrt von Koblenz

Noch läuft man am Lacher See nicht auf heißer Magma. Und doch sind die kleinen Bläschen, sogenannte Mofetten, die an den Ostufern des größten Maars (Kratersees) der Eifel aus der Tiefe aufsteigen, ein Zeichen für aktiven Vulkanismus. Die letzten Vulkanausbrüche in der Region sind rund 13 000 Jahre her, ob und wann es wieder so weit ist, steht in den Sternen oder, besser gesagt, im innersten Kern unserer Erde. Bis dahin kannst du auf den 8–13 km langen Rundwegen auf und am bewaldeten Vulkankegel um den See wandern und nach weiteren vulkanischen Zeichen suchen.

Wer seine Ruhe nicht im Wald, sondern lieber in Kirchengesängen sucht, stattet der im 11. Jh. gegründeten *Benediktinerabtei Maria Laach* direkt am Seeufer einen Besuch ab. Außen Romanik pur, innen barocke Anklänge. Auch gibt es hier Meditationskurse und Schnuppertage, „Tage der Stille" *(Anmeldung und Infos zum Gästeflügel unter Tel. 02652 5 93 13)*. Weniger ruhig geht es an Wochenenden in den Klosterbetrieben zu, wie etwa in der klostereigenen Gärtnerei: Sie bietet seltene Obstbäume, Teichpflanzen, Sträucher und Stauden an. Im *Hofladen (Mo–Sa 9–18, So 10–18 Uhr)* am See werden die Ökoprodukte des klostereigenen Hofguts verkauft, in der Kunst- und Buchhandlung ausgefallener Schmuck.

Im *Restaurant Seespiegel (tgl. 10–21 Uhr | €€€)* lässt es sich mit regionalen Produkten schlemmen; im *Café Schilfbucht (tgl. 14.30–17.30 Uhr | €)* genießt du Kuchen und Torten aus der hauseigenen Konditorei. *C3*

SCHÖNER SCHLAFEN IN KOBLENZ & UMGEBUNG

IN DER RITTERBURG

Spektakulär ist allein der Weitblick, und die 157 Betten im *Familien- und Jugendgästehaus Ehrenbreitstein (Einzel- und Mehrbettzimmer | Festung Ehrenbreitstein | Tel. 0261 97 28 70 | diejugendherbergen.de | € | F2)* sind garantiert gemütlicher als zu Ritterzeiten.

IM SUPERMARKT SCHLAFEN ...

... kannst du in Deutschlands erstem Supermarkt-Themenhotel in Neuwied, dem *Food Hotel (113 Zi. | Langendorferstr. 155 | Tel. 02631 825 20 | food-hotel.de | €€ | D2)*.

TERRASSEN-MOSEL

DIE STEILSTEN WEINBERGE DER WELT

Nirgendwo sonst in Europa ist Weinanbau so schön: An der Terrassenmosel fließt die Mosel in vielen Schleifen durch fast senkrecht aufragendes Schiefergestein. Sie bilden die beeindruckende Kulisse für einzigartige Weine, Bilderbuchburgen und sportliche Herausforderungen.

Wer hier Reben pflegt, der braucht fast artistisches Geschick, viel Gelassenheit oder genug Geld für den Bau einer Monorackbahn. Leichter haben es da tierische Terrassenbewohner wie der seltene Apollo-

Die Cochemer Reichsburg thront hoch über der Mosel

falter oder die flinke Mauereidechse, die sich vom sonnenbeschienenen Gestein wärmen lassen. Zwei- bis dreihundert Höhenmeter weiter, über dem nördlichen Ufer der Mosel, sieht alles ganz anders aus: Das Maifeld ist eine sanftmütige Eifelschönheit, die einem goldgelben Getreide- und Rapsozean gleicht. Rauer ist der südlicher gelegene Hunsrück mit bewaldeten Bergzügen und sattgrünen Wiesen. Hier leben Rinder, Rehe und Wildschweine. Von den Höhen strömen kleine Flüsse und Bäche ihrer großen Schwester entgegen.

TERRASSENMOSEL

MARCO POLO HIGHLIGHTS

★ BEILSTEIN
Mit seinen mittelalterlichen engen Gassen und der Burg Metternich ein Dorf wie aus dem Bilderbuch ➤ S. 69

★ BURG ELTZ
Die wohl berühmteste Burg Deutschlands wurde nie zerstört und ist eine Zeitreise ins Mittelalter ➤ S. 64

★ CALMONT
Der steilste Weinberg Europas befindet sich in Bremm ➤ S. 71

★ HÄNGESEILBRÜCKE GEIERLAY
Schwindelerregendes Abenteuer im Hunsrück ➤ S. 68

★ EHRBACHKLAMM
Wilde Schlucht mit sprudelnden Wasserfällen für geübte Wanderer ➤ S. 66

★ REICHSBURG
Neogotische Bilderbuchburg mit Falknerei in Cochem ➤ S. 59

★ WILD- & FREIZEITPARK KLOTTEN
Großartiger Erlebnispark für die ganze Familie ➤ S. 62

★ BAD BERTRICH
Nostalgischer Kurort mit Deutschlands einziger Glaubersalztherme ➤ S. 71

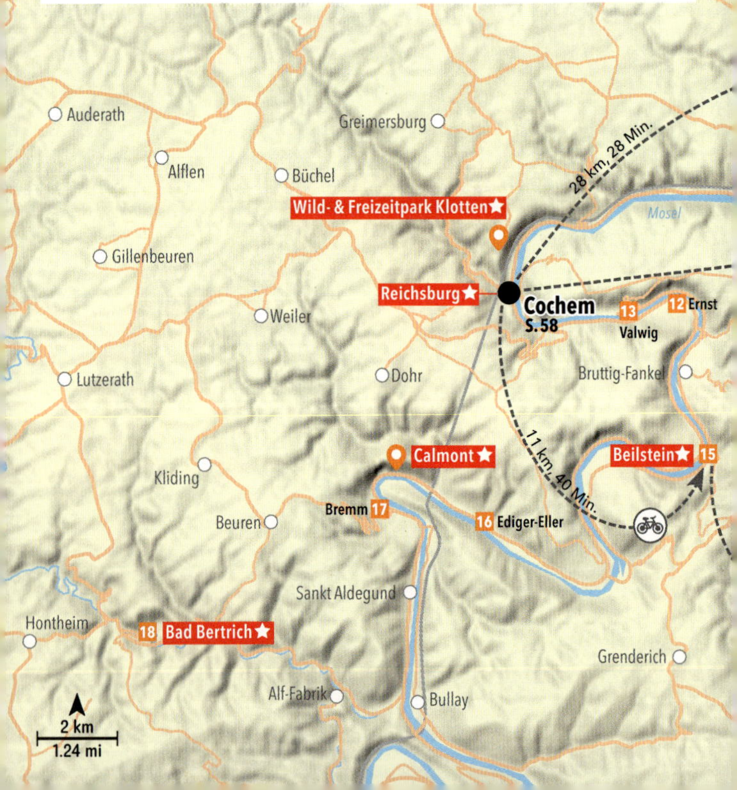

Wolken
Hausen
Welling
48
Nettesürsch
Kerben
Lonnig
Winningen 11
Kobern-Gondorf 10
Polch
61
Rüber
9 Niederfell
Lehmen
Einig
Küttig
Kollig
Oberfell
Naunheim
5 Münstermaifeld
8 Alken
4 Burg Pyrmont
Hatzenport 6
7 Brodenbach
Keldung
Brohl
Burgen
3 Burg Eltz
Windhausen
Müden (Mosel)
Ehrbachklamm
2 Treis-Karden
40 km, 40 Min.
Macken
1 Pommern
Mermuth
Lütz
Gondershausen
Dorweiler
Sevenich
Lahr
Schnellbach
Mannebach
Mörsdorf
Korweiler
Mittelstrimmig
14 Hängeseilbrücke Geierlay
Gödenroth
Uhler
Ebschied
14 km, 22 Min.
Sosberg
Kastellaun
Gammelshausen
Reidenhausen
Krastel
Hesweiler

COCHEM

(◫ E6) **Für sich allein hat man die hübschen Altstadtgassen der Kreisstadt (5500 Ew.) nur in den frühen Morgenstunden. Sonst herrscht hier fast ganzjährig Touristengetümmel.**

Dem Charme der Stadt mit ihrer Fachwerkkulisse mit blumengeschmückten Häusern und kleinen Gässchen können selbst Touristenhorden und teils altbackene Restaurants mit billigen Schnitzeln und Schlagermusik nichts anhaben. Schwierig wird es nur, wenn du mit dem eigenen Auto anreist. Die wenigen Parkplätze zwischen Moselufer und Promenade sind heiß begehrt. Die Versuche, sie zu erobern, werden teils mitleidig, teils schadenfroh von den Gästen beobachtet, die es geschafft haben, einen Sitzplatz in den Straßencafés und Weinstuben mit Moselblick zu ergattern.

Die schönste Perspektive auf die Altstadt mit ihren Erkern und Fachwerkhäusern wartet allerdings mit etwas Abstand. Wenn du über die Moselbrücke in den Stadtteil Cond spazierst, liegt dir ein Postkartenmotiv zu Füßen mit Moselschiffen und Schwänen auf dem Fluss, der Reichsburgsilhouette und als Skyline die dicht bewaldeten Eifelberge.

Die Perspektive wird noch schöner, wenn du die schweißtreibenden 1,5 km und 200 Höhenmeter von dem *Conder Brauselayweg* zum Aussichtspunkt *Wetterfahne* zu Fuß zurücklegst. Einen schöneren Ort, den Sonnenuntergang in der Natur zu erleben, gibt es wohl weit und breit nicht.

INSIDER-TIPP
Wo die Sonne rot glühend versinkt

Eine deutlich bequemere Art, möglichst viel von Cochem kennenzulernen, ist eine Fahrt mit dem *Mosel-Wein-Express*. Der rollende Stadtrundgang mit dem komfortablen Bimmelbähnchen startet unter der alten Moselbrücke am *Carl-Fritz-Nicolay-Platz (tgl. 10–17 Uhr, in der Nebensaison nur am Wochenende | 6,20 Euro).*

SIGHTSEEING

MARKTPLATZ

Das Herz von Cochem ist rund und klein – quasi ein Wohnzimmer. Prachtvolle Fachwerkfassaden schmiegen sich dicht aneinander, in der Mitte steht der Martinsbrunnen aus dem 18. Jh. Auch das Rathaus stammt aus dieser Zeit. Hier lässt es sich entspannt draußen sitzen und die Stimmung genießen.

KAPUZINERKLOSTER

Von der Altstadt führen schmale Treppenaufgänge hinauf, es wird stiller, du lässt den Trubel des Ortskerns hinter dir. Von dem im 17. Jh. erbauten Kapuzinerkloster eröffnet sich ein wunderbarer Blick ins Tal der Wilden Endert und auf die Ruine Winneburg, den ehemaligen Stammsitz der Fürsten Metternich. Heute ist das Kloster ein Kulturzentrum, in dem vor allem im Winterhalbjahr Kabarett, Konzerte und andere Veranstaltungen angeboten werden. *Klosterberg 5 | Tel. 02671 603 06 40*

Klein und stimmungsvoll: der malerische Cochemer Marktplatz mit dem Martinsbrunnen

SENFMÜHLE

Richtig scharf wird der Moselurlaub dank der rund 200 Jahre alten Senfmühle im Stadtteil Cond direkt an der Moselbrücke (Shop etwas weiter westlich in der Endertstraße). Senfmüller Wolfgang Steffens produziert neben interessanten Mischungen mit Cayenne, Honig oder Riesling auch Originalrezepten aus dem 15. Jh. *tgl. 10–18 Uhr | Führungen mit Senfprobe 11, 14, 15 u. 16 Uhr | 2,50 Euro für Führungen | Endertstr. 18 | Tel. 02671 60 76 65 | senfmuehle.net | ⏲ 1 Std.*

PINNER KREUZ

Auf den 255 m hohen Berggipfel musst du nicht zu Fuß. Das Kraxeln erspart dir eine *Sesselbahn* mit Talstation in der Endertstraße, an der es auch Parkplätze gibt. Über eine Distanz von knapp 400 m wirst du sanft nach oben geschaukelt. Oben angekommen, hält ein Fotograf den denkwürdigen Moment des Gipfelsturms fest. Unvergesslich ist in der Tat, was man zu sehen bekommt: Von hier aus wirken das Gassengewirr im Moseltal rund 180 m unter dir und selbst die Reichsburg auf einem Nachbargipfel wie Spielzeug. Vom Terrassencafé lässt sich der Blick noch ein wenig länger genießen. *Seilbahn tgl. ca. 10–18 Uhr | Berg- und Talfahrt 6,80 Euro | cochemer-sesselbahn.de*

REICHSBURG ★ ⚑

Ihre Baustile sind so vielfältig wie ihre Besucher aus allen Nationen: Die Burg, die an der westlichen Terrassenmosel am meisten Ritterromantik ausstrahlt, ist die Reichsburg. In der Sommersaison kutschiert ein Shuttlebus Touristen vom Endertplatz zur spekta-

Erker, Bögen, Türmchen: märchenhaft verspielter Stilmix in der Reichsburg

kulären Burgschönheit. Wer gut zu Fuß ist, sollte den Spazierweg nehmen. Er windet sich vom Martinstor in der Stadt in Serpentinen nach oben, vorbei an dem vom zeitweiligen Burgherrn Louis Ravené angelegten *Landschaftsgarten* voller Farben und Düfte.

Die um das Jahr 1000 erbaute Burg hockt auf einem mit Wein bewachsenen Kegel aus Schiefergestein. Ihr heutiges, romantisches Aussehen hatte sie damals aber noch nicht. Wie so viele Burgen an der Mosel fiel sie im 17. Jh. den Truppen des französischen Sonnenkönigs Ludwigs XIV. zum Opfer. Erst 1868 nahm sich der Berliner Kaufmann Louis Ravené ihrer Überreste an und machte sie zu der romantischen Bilderbuchburg, die wir heute kennen. Und schätzen. Auch wenn das Ergebnis letztlich wenig mit dem historischen Original zu tun hat. Das Interieur ist ebenfalls ein bunter Stilmix aus verschiedenen Epochen, das erstaunlich fantasievoll harmoniert.

Unternehmen lässt sich auf der Burg jede Menge – sogar heiraten. Weniger folgenreich dürften die rustikale Mahlzeit „Gasterey nach Art der alten Rittersleut" sein, eine Geisterführung mit oder ohne Räuberessen oder der Besuch der Falknerei mit vier Flugvorführungen pro Tag.

Auf der Reichsburg gibt es für Ritter und Burgfräulein von vier bis zehn Jahren eine *Entdeckungstour (Erwachsene 6,50 Euro, Kinder (6–17 Jahre) 5 Euro | Dauer ca. 75 Min. | mindestens 20 Pers., Voranmeldung notwendig: Tel. 02671 2 55).* Nachdem alle Kinder ein perfektes Mittelalter-Outfit bekommen haben, spürt die interaktive Kinderführung die Geheimnisse von Verliesen und Kräutergärten auf. Selbst die Ritterwaffen dürfen angefasst werden. *März–Okt. tgl. 9–17 Uhr, im Winter wechselnde Öffnungszeiten | Eintritt ab 3,50 Euro | Schloßstr. 36 | burg-cochem.de | 1–2 Std.*

ESSEN & TRINKEN

GELATERIA FRATELLI BORTOLOT

Ein Stadtbummel durch Cochem wird noch schöner mit einer Portion hausgemachtem italienischem Eis in der Hand. Die Familie Bortolot hat ihren Eiswagen schon durch Wien, Witten an der Ruhr und Fano an der Adria gezogen. Wie gut für alle Naschkatzen, dass sie schließlich an der Mosel sesshaft geworden ist. Experimentierfreudige probieren die monatlichen Spezialsorten wie Zitrone-Basilikum. *Tgl. 12–20 Uhr | Moselpromenade 1 und Bernstr. 25 | bortolot.de*

COCHEMER KAFFEERÖSTEREI

NSIDER-TIPP
Einen Cold Brew Tonic bitte!

In Cochems erster Kaffeerösterei direkt am Marktplatz serviert Michael Loch seine kalt gefilterte Kaffeespezialität mit bittersüßem Tonic-Water. Natürlich gibt's auch schlichtes Frischgebrühtes aus Tansania, Indien, Brasilien, Mexiko und Peru sowie leckeren Kuchen. *Di–So 10–18 Uhr | Markt 6 | kaffeerösterei-cochem.de | €€*

RISTORANTE DA VINCI

Wir verraten es auch keinem, wenn dir nach all dem gutbürgerlichen Essen der Sinn nach Pizza, Pasta und anderen italienischen Köstlichkeiten zum Moselwein steht. Der Ausblick beim Essen bleibt im Da Vinci moseltypisch traditionell – nämlich direkt auf die Reichsburg. Die Atmosphäre in dem Lokal direkt unter der Moselbrücke: gemütlich rustikal und der Besitzer immer mit einem Scherz auf den Lippen – auch wenn die Hütte (wie so oft) gerammelt voll ist. *Di–So 17.30–22 Uhr | Bergstr. 1 | Tel. 02671 9161 95 | davinci-cochem.de | €€*

WINTERGARTEN

Im Restaurant im Hotel Noss kann man bei Moselblick exotischen Vorlieben nachgehen – je nach Saison mit Gerichten wie Rotem Curry von Fisch und Krustentieren an Thaispargel und Shiitakepilzen. Auch Rustikales bekommt hier den Extrakick wie die Sülze vom Tafelspitz durch die Limonen-Joghurt-Creme. Und die Desserts sind legendär. *Tgl. 17.30–21.30 Uhr | Moselpromenade 17 | Tel. 02671 36 12 | hotel-noss-cochem.de | €€*

SHOPPEN

WAJOS GENUSSMANUFAKTUR

Vom Weingut Walter J. Oster kreierte und in Cochem-Dohr produzierte Likör- und Essigspezialitäten, Saucen und ausgefallene Zutaten für Gourmets gibt es in der Altstadt in dieser Manufaktur. *Markt 7*

SPORT & SPASS

GANG-ART

Anja Kneves ist zertifizierte Natur- und Landschaftsführerin. Wer sich ihr anvertraut, erlebt ein ganzheitliches und sinnliches Wandern mit einer passgenauen Strecke – keine geführte Wanderung von der Stange. Anja Kneves führt ihre Gäste auf ganz verschiedenen Routen, zudem gibt sie Tipps, wie die steilen Moselfelsen am besten zu erklimmen sind.

Abends sind Reichsburg, Ausflugsschiffe und Cochems Moselufer schön illuminiert

Auf der Tour „Gangart Spezial" erwanderst du die Geheimtipps im Cochemer Krampen. *Wanderungen 6,50–15 Euro pro Person | Tel. 02671 55 02 | gangart-wandern-mosel.de*

IM TAL DER WILDEN ENDERT

Wie gut, dass es auf dem Teilstück des *Karolingerwegs* fast durchgängig bergab geht. Ansonsten wären der 20 km lange Wanderweg, der 2019 zu Deutschlands schönstem Wanderweg gekürt wurde, nur sehr ausdauernden Wanderern vorbehalten. Der Weg folgt dem idyllischen Flusstal durch den Wald. Vorbei geht's an der Wallfahrtskirche *Maria Martental* und dem Highlight des Wegs, dem Wasserfall namens *Die Rausch*, der sich 7 m tief in den Talkessel stürzt. Sportlicher wird's natürlich, wenn man dem Flüsschen gegen den Strom von der Mündung zum Ulmener Maar folgt.

MOSELBAD

Im großen Freizeitzentrum Moselbad kommen alle Wasserfans auf ihre Kosten: Baden bei imposanter Brandung, Saunen, Wasserrutschen und vieles mehr. *Mo 13–21, Di, Do, Fr 9–21, Mi 10–21, Sa/So 10–19 Uhr | ab 5 Euro je nach Nutzung | Moritzburger Str. 1 | Tel. 02671 9 79 90 | moselbad.de*

WILD- & FREIZEITPARK KLOTTEN ★

Außerhalb von Cochem, oberhalb des Dorfs Klotten, liegt ein riesiger Wild- und Freizeitpark. Er ist einer der abwechslungsreichsten in Rheinland-Pfalz und geradezu ein Muss für Familien mit Kindern. Hier leben Pa-

pageien, Wapitis und andere Tiere aus fernen Ländern ebenso wie Braunbären und Wölfe aus Europa. Außerdem gibt es Attraktionen wie Achterbahn, Loopingstar oder Wildwasserrondell. *April–Okt. tgl. 9.30–18 Uhr | Eintritt 19,50 Euro | klotti.de | ½–1 Tag*

AUSGEHEN & FEIERN

MURPHY'S

Wer genug vom Wein hat: In diesem urigen irischen Pub gibt es eine große Auswahl an Craft-Beer – natürlich auch deutsches. Dazu: Livemusik. *Di–Sa ab 17 Uhr | Endertstr. 11*

STADTRUNDGANG MIT NACHTWÄCHTER

Nachteulen und alle, die noch nicht genug haben vom Sightseeing, können jeden Samstag um 20.30 Uhr dem Mann mit dem schwarzen Umhang folgen. Keine Angst, nicht dem Sensenmann! Ein Nachtwächter mit Laterne, Horn und Hellebarde plaudert auf dem einstündigen Stadtrundgang aus dem Nähkästchen. *Start: Touristinfo | 7,80 Euro | Endertplatz 1 | Tel. 02671 60 04 77*

RUND UM COCHEM

1 POMMERN

9 km / 10 Min. Autofahrt von Cochem

Der Name des 500-Ew.-Orts hat seine Wurzeln in „pomaria", dem lateinischen Wort für Obstgarten. Mit ursprünglichen Motiven ist der rekonstruierte keltisch-römische Tempelbezirk des *Archäologieparks Martberg (Mai–Okt. Fr–So 11–17 Uhr | Eintritt 2 Euro | martberg.de | 1 Std.)* über dem Dorf geschmückt. Ein Fußweg durch den Wald führt dorthin. E5

2 TREIS-KARDEN

12 km / 12 Min. Autofahrt von Cochem

Die Treiser auf der Hunsrückseite haben die Burgen, die Kardener auf der Eifelseite haben die Kirchen – so verkürzt sich die Aufteilung der rund 2000 Ew. auf die Moselufer. Wuchtig erscheint die *Stiftskirche St. Castor* mit ihren mächtigen Türmen und dem auffallend weißen Gemäuer. Sie verbindet romanischen, gotischen und barocken Stil und ist das Herz eines Stiftsbezirks mit sehenswerten Fachwerkhäusern. Ein *Stiftsmuseum (Mai–Okt. Fr–So 15–17.30 Uhr | Eintritt 2 Euro | St.-Castor-Str. 2 | 45 Min.)* zeigt keltische Weihegeschenke, frühchristliche Relikte aus dem Vicus Cardena, wie die Siedlung einst hieß, liturgisches Gerät und mittelalterliche Handschriften.

Eine Besonderheit der Region erlebt, wer Burgen und Kirchen hinter sich lässt und über die Weinberge von Karden in den Nachbarort Müden wandert: nämlich den größten Buchsbaumbestand nördlich der Alpen! Der *Buchsbaumwanderpfad* ist 4 km lang.

INSIDER-TIPP
Buchsbaumsafari

Gehobene Küche genießen – à la carte oder genussvoll kombiniert als vorbestelltes „Weinstubenmenü" – kannst du im *Schlosshotel Petry (St.-Castor-Str.*

Wie aus einem Märchenbuch: Burg Eltz, stolz aufragend und von Nebel umwabert

80 | Tel. 02672 9340 | schloss-hotel-petry.de | €€€), das den Charme seiner noblen Vergangenheit bewahrt hat. *E5*

3 BURG ELTZ ★

30 km/30 Min. Autofahrt von Cochem

Mitten im Wald auf einem Felssporn steht die wohl berühmteste Burg Deutschlands. Sie zierte den 500-Mark-Schein und ist ein Highlight der weltweiten Globetrottergesellschaft. Ein knapp 800 m langer Spazierweg führt vom Parkplatz an der Antoniuskapelle zum Burgtor. Die Ursprünge der Burg liegen im 9. Jh., seitdem wurde immer wieder angebaut und repariert – aber nie zerstört. Bei Führungen präsentiert sich daher das komplette, mal prachtvolle, mal düstere Repertoire des mittelalterlichen Lebens vom Comtessenzimmer bis zum Waffenarsenal. Seit 800 Jahren ist die Burg im Besitz der Familie von Eltz. Abseits der Touristenpfade bietet sich ein toller Blick auf die Burg: Bieg dafür auf dem Weg zur Burg rechts in den Pfad vor der Brücke ein und überquer den Elzbach. Noch mehr Ausblicke gibt's auf dem knapp 13 km langen *Traumpfad Eltzer Burgpanorama. April–Okt. tgl. 9.30–17.30 Uhr | Führung 11 Euro | burg-eltz.de | 1–2 Std. | E5*

INSIDER-TIPP
Gegen den Strom

4 BURG PYRMONT

22 km/25 Min. Autofahrt von Cochem

Die Burg Pyrmont ist die beschaulichere Schwester der Burg Eltz. Die Anlage aus dem 13. Jh. thront unweit der Burg Eltz auf einem steilen Felsen über dem Elzbach. Rund um die Burg liegen ruhige Terrassengärten und Lauben. Der 11 km lange Pyrmonter Felsensteig führt auf teils steilen Klip-

penpfaden an der Burg und an Stromschnellen vorbei und durch Auenlandschaften. Die Burg kann besichtigt werden. *Mai–Okt. So 11.30–13.30 Uhr | Eintritt 6 Euro | burg-pyrmont.de | 1 Std. | E5*

5 MÜNSTERMAIFELD

25 km/25 Min. Autofahrt von Cochem

Die „Metropole" des Maifelds hoch über dem Moseltal offenbart sich schon von Weitem: Die 900 Jahre alte Stiftskirche *St. Martin und St. Severus* sieht aus wie eine Fantasie aus tausendundeiner Nacht: Innen wie außen ergibt eine Fülle verschiedener Stile ein wunderbar harmonisches Ganzes. An die Wehrhaftigkeit der Stadt (3400 Ew.) erinnern der Eulen- und der Kanonenturm, einst Teile der Stadtmauern. Ihren Reichtum zeigen die vielen klassizistischen Herrenhäuser im Stadtkern.

Wenige Kilometer entfernt liegt das Dorf *Mörz (mm-moerz.de)*, in dem sich mehrere kunsthandwerkliche Ateliers angesiedelt haben. Einige sind nach Anmeldung geöffnet, jährlich gibt es Ausstellungen, Feste und Kunsthandwerkermärkte *(maifeld urlaub.de)*.

Einem großen „Freilichtatelier" aus wilder Natur und 15 Mühlen gleicht das *Schrumpftal*, über das man nach knapp einer Stunde Fußmarsch das Moselufer bei Hatzenport erreicht.

Bauernhofleben pur bietet der *Erlebnishof Arche (Antoniushof 1 | Tel. 02654 79 14 | wp.hof-arche.de)* im Nachbarort *Naunheim*, wo neben seltenen Nutztierrassen auch Kinderlieblinge wie Katzen, Ponys und Meerschweinchen zum Anfassen und Streicheln zu Hause sind. *E4*

6 HATZENPORT

23 km/20 Min. Autofahrt von Cochem

Einen schöneren Blick auf das 650 Ew. Dorf mit seinem Fährturm aus dem 19. Jh. als von der *Burg Bischofstein*, die mit ihrem charakteristischen weißen Streifen um den Bergfried auf einem Felsvorsprung in Richtung Moselkern thront, gibt es nicht. Oder vielleicht doch: während eines Gleitschirmflugs vom sogenannten Lasserger Knüppchen oben in den Eifelhöhen.

Genuss der ruhigeren Sorte findet man im *Winzerhof Gietzen (März–Nov. Fr ab 18, Sa/So ab 14 Uhr | Moselstr. 70 | Tel. 02605 952371 | winzer hof-gietzen.com | €)* bei einem fruchtigen Riesling und Leckereien aus der Slow-Food-Küche von Winzerin Maria

Gietzen. Auf den Spuren des Weins (und mit etwas Glück der Smaragdeidechse) bietet die Winzerin auch geführte Wanderung auf dem *Weinwetterweg* an. *F4*

7 BRODENBACH

25 km / 20 Min. Autofahrt von Cochem

In dem 600-Ew.-Ort am Hunsrückufer der Mosel wird jedes Jahr im Juni ein rasantes und lautes Spektakel mit Tausenden Zuschauern ausgetragen: das internationale Drachenbootrennen. Ein begehrtes Ziel ist Brodenbach auch für Naturfreunde, findet sich hier doch der Moseleinstieg zu der 17 km langen Wanderroute ★ *Ehrbachklamm*, die an kleinen Wasserfällen und Strudeln vorbei in eine steile und wilde Waldschlucht führt. Die wesentlich kürzere (8,5 km) *Traumschleife Ehrbachklamm* beginnt weiter oben am Wanderparkplatz Oppenhausen an der K 120.

Auch die *Ehrenburg (Mo–Sa 12–18, So 11.30–17 Uhr | Tel. 02605 3077 | ehrenburg.de | €€€)* aus dem 12. Jh. ist nicht weit. Hier kannst du essen wie im Mittelalter – wenn auch zugegebenermaßen sehr komfortabel. Aber vor allem herrscht auf der Burg von Ostern bis Allerheiligen jeden Sonntag ein mittelalterliches Treiben mit Musik, Bogenschießen und Märchenkabinett. *F4*

8 ALKEN

27 km / 25 Min. Autofahrt von Cochem

Hier ist die Mosel breit. Von den Cafés am Ufer aus betrachtet, wirkt sie wie ein See. Das Dorf (650 Ew.) war früher eine keltische Siedlung. Hoch über ihm wacht die imposante *Burg Thurant (März/April tgl. 10–17, Mai–Nov. 10–18 Uhr | Eintritt 3,50 Euro | 1 Std.)*. Ende des 12. Jhs. wurde sie vom Kreuzfahrer und Pfalzgrafen Heinrich auf antiken Fundamenten errichtet. Heute sind Teile von ihr Ruinen. Natürlich führt nun eine moderne Straße hinauf, aussichtsreicher und entschleunigender ist allerdings die Wanderung auf dem Moselsteig. Oben angekommen erwarten dich Giebeldächer und ein Steingarten mit barocken Skulpturen ,umringt von Blumen und Sträuchern. Sehenswerte „innere Werte" sind Verlies, Kapelle, Jagdzimmer und Weinkeller, doch die größte Burgenattraktion ist der Weitblick in die Landschaft.

INSIDER-TIPP
Zu Fuß zur Burg

Das Dorf zu Füßen der Burg zieht sich an der Uferstraße entlang. Die Reste seiner Stadtmauer samt Zoll- und Signalturm, die mittelalterlichen Höfe und andere stille Nischen zu erkunden lohnt sich.

Am Ortsrand wird im familiären und liebevoll geführten *Landhaus Zimmermann (Moselstr. 1 | Tel. 02605 3383 | landhaus-zimmermann.com | €€)* bodenständige Küche serviert. Dank hausgemachter Gemüsemaultaschen müssen selbst Veganer nicht hungrig bleiben. *F4*

9 NIEDERFELL

33 km / 30 Min. Autofahrt von Cochem

Hier spielt ausnahmsweise nicht die Mosel die Hauptrolle, sondern das Aspelbachtal, das auch als Wandergebiet Niederfeller Schweiz bekannt ist.

Direkt in dem 1030-Ew.-Weinort beginnt der 13 km lange *Traumpfad Schwalberstieg*. Start und Ziel der mittelschweren Wanderung durch Wälder und Streuobstwiesen ist das *Gasthaus Zur Mühle (Mai–Okt. tgl. | Bachstr. 22 | Tel. 02607 65 05 | wernersmuehle.de | €)*. Und bevor du dem Ort den Rücken zukehrst, schau dir noch die drei Barockaltäre der Pfarrkirche *St. Lambertus* mit Gold und schwarzem Marmor an. F3

10 KOBERN-GONDORF

35 km/35 Min. Autofahrt von Cochem

Manche Rarität ist in Kobern-Gondorf zu finden. Zu der kleinen Stadt (3200 Ew.) gehören insgesamt vier Burgen und etliche mittelalterliche Gemäuer, darunter das vermutlich älteste deutsche Fachwerkgebäude, der *Abteihof St. Marien* aus dem Jahr 1320. Ausgesprochen eigenwillig ist die verkehrstechnische Lösung für ein uraltes Schätzchen der Stadt, das *Wasserschloss* von 1560 in Gondorf: Beherzt wurde es von einer Bahnlinie durchschnitten und von der B 416 untergraben. Nichts von verkehrstechnischen Irrungen spürst du in einem Seitental, schon fast in den steil terrassierten Weinbergen und mit Blick auf die *Matthiaskapelle*.

In der *Alten Mühle Höreth (tgl., Mo–Fr nur abends | Mühlental 17 | Tel. 02607 64 74 | altemuehlehoereth.de | €€–€€€)*, einer Burgmühle aus dem 11. Jh., wartet ein gastronomischer Traum: frische Landhausgerichte mit Zutaten aus Wäldern und Wiesen, dem Wasser oder „Vegetarien", serviert in urigem Ambiente und im rustikalen Innenhof. E3–4

11 WINNINGEN

40 km/40 Min. Autofahrt von Cochem

Bei aller Weinseligkeit rund um den an die Hexenverfolgung im 17. Jh. er-

Die Ritterspiele auf der Ehrenburg faszinieren Groß und Klein

innernden Weinhexbrunnen ist Winningen eine Affinität zur Technik nicht abzusprechen: Ein Sohn des 2400-Ew.-Städtchens, August Horch, war der Gründer von Audi. Eine Abteilung des *Heimatmuseums (Mai–Okt. Sa/So 15–17 Uhr | Eintritt 3 Euro | Schulstr. 5 | museum-winningen.de | 1 Std.)* widmet sich ihm.

Aufregender geht es bei einem *Rundflug* über Moselland, Eifel und Hunsrück vom Flugplatz *(tgl. 10–17 Uhr | Tel. 02606 866 | rhein-mosel-flug.de)* zu oder beim *SUPen* und *Kanufahren (Fährstr. 1 | Tel. 0171 3 10 07 25 | supschule-koblenz.de)* auf der Mosel. Und zum Abschluss: Moderne Kunst trifft auf leckeres Essen in der *Gutsschänke Schaaf (tgl. | Fährstr. 6 | Tel. 02606 597 | gutsschaenke.com | €€)* mitten im Dorf. F3

KLETTERN ÜBERM FLUSS

Einst unbezwingbare Steilwände, in die sich nur die tollkühnsten Winzer wagten, werden nun mithilfe von Klettersteigen auch von Urlaubern erobert. Sicherungshaken und Seile in den Schieferhängen machen es möglich, dass auch kaum Geübte einen ausgesprochen lebhaften Eindruck davon bekommen, wie alpin eine deutsche Mittelgebirgslandschaft sein kann. Hobbyalpinisten stellen auf dem Calmont-Klettersteig bei Bremm oder auf dem Collis-Steilpfad bei Zell ihr Können unter Beweis und genießen die schwindelerregenden Ausblicke aufs Moselland – Tritt- und Halteeisen, Drahtseilsicherungen und Kletterleitern sind dabei willkommene Hilfen.

12 ERNST

5 km/10 Min. Autofahrt von Cochem

Wie gut, dass in dem 500-Ew.-Ort der Name nicht Programm ist. Stattdessen gibt es im *Mosselland-Museum (Mi–So 11–18 Uhr | Eintritt 9,50 Euro | Traktorverleih tgl. 10–15 Uhr | 60 Euro/ 2 Std.) | Weingartenstr. 91 | mosselland-museum.de | 1 Std.)* nicht nur Nostalgie der 60er, sondern auch die Möglichkeit, einmal selbst Trecker zu fahren. E6

INSIDER-TIPP **Treckerfahrer für einen Tag**

13 VALWIG

4 km/10 Min. Autofahrt von Cochem

Klein, fein und vor allem erwanderbar ist das einstige *Falavoia* (460 Ew.), wie die Kelten die Siedlung klangvoll nannten. Vom ruhigen, historischen Dorfkern aus geht es los: Der 3 km lange *Breva-Wein-und-Weg (brevaweinundweg.de)* führt in die Welt der schroffen Steillagen. Nicht minder steil ist der gut 7 km lange *Apolloweg*. Er bringt dich in die Heimat des streng geschützten Apollofalters. Von Ende Mai bis Ende Juli kann man mit etwas Glück den weißen Schmetterling mit den vier markanten roten Punkten beim Nektarsammeln beobachten. *valwig.de* | E6

14 HÄNGESEILBRÜCKE GEIERLAY ★

20 km/30 Min. Autofahrt von Cochem

Für die 360 m lange und bis zu 100 m hohe Hängeseilbrücke zwischen Sos-

Die Lampen leuchten, der Tag klingt aus: die idyllische Altstadt von Beilstein am Abend

berg und Mörsdorf lohnt es sich, einen Abstecher in den Hunsrück zu machen – auch wenn sie „nur" die zweitlängste Deutschlands ist. Wer nicht hin und zurück auf dem gleichen (etwa 2 km langen) Weg laufen möchte, wählt den 6,4 km langen Rundweg namens *Geierlayschleife*, der auf einem Teilabschnitt des Saar-Hunsrück-Steigs verläuft.

INSIDER-TIPP
Tour de Geierlay

Die 10 Euro Mindestparkgebühr spart, wer am Alten Sportplatz parkt. Von dort sind es 3,4 km bis zur Brücke. *Besucherzentrum mit Restauration I tgl. 10–16 Uhr I Kastellauner Str. 23 I geierlay.de I* F6

15 BEILSTEIN ★

11 km / 15 Min. Autofahrt von Cochem

Dass du nicht der Erste bist, der das romantische Örtchen (130 Ew.) in sein Herz schließt, lassen schon die vielen Autos entlang des Seitenstreifens der Uferstraße erahnen.

Das Parkproblem umgeht, wer vom Nachbarort Bruttig-Frankel auf dem aussichtsreichen Rundwanderweg *Erlebnis Moselkrampen* „an- (und ab-) reist". Die Tour beinhaltet auch eine Fahrt mit der *Moselfähre* von Beilstein nach Ellenz-Poltersdorf – eine Portion Moselluft für gerade einmal 1,50 Euro pro Person inklusive.

Während du durch die mittelalterlich engen Fachwerkgassen streifst, hälst du Ausschau nach dem *Zehnthaus*, dem *Amtshaus* und dem *Karmelitenkloster* – diese Gebäude sind nämlich besonders schön. Für die Vogelperspektive geht es rauf zur *Burgruine Metternich*, von deren Zinnen aus sich ein guter Blick über das Moseltal bietet. Und wer genug von all dem Trubel

Wer hier aufsteigt, wird mit spektakulären Aussichten belohnt: der Calmont bei Bremm

hat: Nur wenige Schritte in eine Seitengasse findet sich noch etwas von dem ruhigen, südländischen Moselcharme. F6

16 EDIGER-ELLER

15 km/20 Min. Autofahrt von Cochem

Das Doppelweindorf (1000 Ew.) zu Füßen des Calmonts steckt voller moselländischer Atmosphäre: eine Uferstraße mit Restaurants und Cafés, enge Gassen, Weingüter und urige Kneipen mit blumenumrankten Innenhöfen, Reste einer alten Stadtmauer und mittendrin jede Menge Leben – besonders im Sommer, wenn es sich meist draußen abspielt.

Oberhalb des Ortsteils *Nehren* liegt eine unterirdische *römische Grabanlage* in den Weinbergen. Um deren einzigartig gut erhaltene Wand- und Deckenmalereien zu schützen, wurden die Kammern verschlossen, doch durch eine Luke lassen sich die Kunstwerke betrachten. Die Mühsal der Winzerarbeit porträtiert das Relief „Christus in der Kelter" in einer Kreuzkapelle in den Weinbergen.

Einen kleinen Eindruck davon kannst du selbst während einer *geführten Tour* durch den Klettersteig von Europas steilstem Weinberg mit Stephan Treis bekommen. Darüber hinaus gibt es auf seinem über 100 Jahre alten *Weingut Treis (Moselweinstr. 80 | Tel. 02675 12 52 | treiswein.de)* gelegentlich – neben Wein natürlich – Krimilesungen im Gewölbekeller. E7

17 BREMM

20 km/25 Min. Autofahrt von Cochem

Die rund 800 Ew. von Bremm teilen sich einen hübschen und lebendigen Ort mit Fachwerkhäusern wie dem prächtigen Storchenhaus von 1686. Von der Uferpromenade aus blickst du auf das *Kloster Stuben*: Die Ruine ist ein idealer Ort für romantische Picknicks. Umgeben von verfallenen gotischen Bögen sitzt man auf sattgrünem Rasen und sieht den steilsten Weinberg Europas. Durch ihn ist der Ort weltberühmt geworden.

Der ★ *Calmont*, der „heiße Berg", überragt die Klosterruine mit einem Gefälle von rund 70 Grad. Nach und nach wird der verwilderte Weinberg derzeit rekultiviert und seiner Bestimmung als Eins-a-Weinlage wieder zugeführt. Ein Klettersteig mit teils alpinem Schwierigkeitsgrad macht ihn für Trittsichere und Schwindelfreie zugänglich. Es gibt aber auch eine einfachere Alternative für weniger Kletterfreudige, die sich nach dem anstrengenden Aufstieg das Gläschen Riesling in der Weinschänke am Gipfelkreuz ebenso redlich verdient haben. E7

INSIDER-TIPP Gipfelsturm auf den Calmont

18 BAD BERTRICH ★

20 km/25 Min. Autofahrt von Cochem

Liebenswert antiquiert – das beschreibt das 900-Ew.-Dorf in einem eingeschnittenen Seitental der Mosel am besten. Hier dreht sich alles ums Wohlbefinden: In der einzigen deutschen *Glaubersalztherme* ist man dem Inneren der Vulkaneifel ganz nah: Die Bergquelle von Bad Bertrich entströmt mit einer Temperatur von 32 Grad dem vulkanischen Gebirge der Eifel. Ein Bad im heilenden Thermalwasser der *Vulkaneifel-Therme (tgl. 9–22 Uhr | 9,50 Euro/2 Std. | Clara-Viebig-Str. 3–7 | vulkaneifel-therme.de)* ist eine Wohltat für Leib und Seele mit 500 m² Warmwasservergnügen drinnen wie draußen und fernöstlichen wie klassischen Heiltechniken.

Balsam für die Seele ist auch der erste *Landschaftstherapeutische Park* in Europa – beruhigend aufs Gemüt wirkt die harmonisch gestaltete Anlage allemal. Der Kurort hat sich ansonsten einen sehr nostalgischen Charme bewahrt. Das gilt auch für das Hotel und Restaurant *Häcker's Fürstenhof (tgl. | Kurfürstenstr. 36 | Tel. 02674 9340 | haeckers-fuerstenhof.com | €€€)*, in dem es sich exquisit speisen lässt. D–E8

SCHÖNER SCHLAFEN AN DER TERRASSENMOSEL

BURGHERREN FÜR EINE NACHT

Den Traum können bis zu sechs Personen im verwunschenen Ferienhaus *Sporkhorst (Tel. 02605 2004 | thurant.de | €€)* auf dem Burggelände der *Burg Thurant* in Alken ausleben – eigener Garten inklusive.

ENTSCHLEUNIGUNG

Im Moseldorf Pommern kannst du die Langsamkeit neu entdecken: Walter Birkenbeil tuckert mit den Gästen seiner Pension *(Bachstr. 16 | Tel. 02672 7462 | weinpension-birkenbeil.de)* auf einem restaurierten Traktor durch die Lande. Zwei gemütliche Zimmer mit Bachblick gibt es ab 23 Euro.

MITTELMOSEL

DAS HERZ DER MOSEL

An der rund 120 km langen Mittelmosel zwischen Alf und Schweich ist Deutschland am gemütlichsten. Die Weine sind weltberühmt, und das Leben spielt sich im Sommer draußen ab – alles geht eine Spur entspannter zu als anderswo.

Steillagen wechseln sich ab mit sanft gewelltem Terrain. Bei mediterranen Temperaturen im Sommer gedeihen hier Weine wie „Zeller Schwarze Katz", „Bernkasteler Doctor", „Wehlener Sonnenuhr" und „Erdener Treppchen". Hier werden deutsche Temperaturrekorde ge-

Liebevoll gepflegt und begrünt: historisches Haus in Graach

knackt. Die landschaftlichen Übergänge in die Eifelberge sind fließend, selbst Hänge in Seitentälern sind mit Weinreben bepflanzt – sie kündigen die Mosel an, noch bevor der Fluss zu sehen ist. Das weiche Licht inspiriert Künstler. In dieser Landschaft stößt man immer wieder auf Zeugnisse alter oder noch gelebter Religiosität. Beispiele hierfür sind die Abtei Himmerod, das Kloster Machern oder die Synagoge von Wittlich. Auch Spuren der alten Römer begegnen einem auf Schritt und Tritt in Form von antiken Kelteranlagen.

MITTELMOSEL

MARCO POLO HIGHLIGHTS

★ BERNKASTEL-KUES
Filigrane Fachwerkhäuser und Renaissancebrunnen ➤ S. 76

★ LIESERPFAD
Einer der schönsten Wanderwege der Welt ➤ S. 84

★ TRABEN-TRARBACH
Wenn Buddhismus und Ayurveda auf Jugendstil treffen ➤ S. 81

★ KLOSTER MACHERN
… mit einer der besten deutschen Klosterbrauereien ➤ S. 79

★ RÜSSELS LANDHAUS
Harald Rüssel serviert raffinierte regionale Gerichte ➤ S. 89

★ NEUMAGEN-DHRON
Im ältesten Weinort und Heimathafen einer römischen Galeere ➤ S. 86

★ VILLA RUSTICA
Die Rekonstruktion einer römischen Luxusvilla ➤ S. 88

Hontheim
Grenderich
Alf-Fabrik
Alf 9
Merl
Pünderich
8 Zell
Kloster Springiersbach 7
Reil
Bausendorf
Bengel
Kinderbeuern
Burg
20 km, 1 Std. 20 Min.
Kövenig
3 Ürzig
5 Kröv
Kinheim
Mosel
Raversbeuren
2
1 Zeltingen-Rachtig
Kloster Machern ★
6 Traben-Trarbach ★
24 km, 30 Min.
Graach an der Mosel
11 Maring-Noviand
15 km, 15 Min.
Irmenach
10 Lieser
Bernkastel-Kues ★
Mülheim an der Mosel
S. 76
12 Brauneberg
Fronhofen
Pilmeroth
Monzelfeld
Kleinich
13 Veldenz
60
Burgen
Hochscheid
Hirzlei
Gornhausen
Belginum Archäologiepark 14
Heinzerath
Merscheid
Horath
60 km, 50 Min.
Morbach
Merschbach
Bruchweiler
Gutenthal
Etgert
Langweiler
Wolzburg
Sensweiler
Gielert
Riedenburg
Immert

BERNKASTEL-KUES

(□ F9) **Wer sich mit einem Ausflugsschiff der Weißen Flotte oder dem Auto der Doppelstadt ★ Bernkastel-Kues (7000 Ew.) nähert, muss vom Flussufer noch ein paar Treppenstufen hochsteigen und ist schon mitten in den engen, mittelalterlichen Gassen der Altstadt.** Besonders schön ist der auf der Hunsrückseite gelegene Stadtteil Bernkastel mit seinen vielen reich verzierten und mehrstöckigen Fachwerkhäusern, den urigen Kneipen und kleinen Läden. Der kleine Weihnachtsmarkt vor dieser Kulisse gilt zu Recht als einer der schönsten in Deutschland. Das Kueser Moselufer auf der Eifelseite ist über weite Strecken ein stiller und grüner Streifen, von dem aus du den Blick in aller Ruhe über das Wasser schweifen lassen kannst. Auf dem Kueser Plateau liegen mehrere große Kliniken und das Kurgastzentrum des heilklimatischen Kurorts.

SIGHTSEEING

MARKTPLATZ

Kopfsteinpflaster, rot gestrichenes Fachwerk mit reichen Verzierungen, ein dem Heiligen Michael geweihter Renaissancebrunnen – das macht Bernkastel zu einem der romantischsten Orte in Deutschland. Die Häuser hier sind schmal und hoch, etwa das rund 500 Jahre alte Heinz'sche Haus, das mit jedem Stockwerk weiter in den Platz hineinragt, oder das Spitzhäuschen von 1416, in dem heute eine Weinstube residiert, mit seinem nach drei Seiten auskragenden Obergeschoss. Das Rathaus mit dem Erker und dem „Welterlöser", der die Erde in der Hand hält, spiegelt den bürgerlichen Wohlstand wider. Den schönen Gesamteindruck versüßt dir das *Café Hansen* zusätzlich mit leckeren Torten und Konfiserie – natürlich, wie könnte es anders sein, mit Weinbezug als Moselweintorte und Rieslingpralinen.

INSIDER-TIPP
Gibt's das auch mit Riesling?

GEBURTSHAUS VON NIKOLAUS VON KUES

Das mit seinen charakteristischen Zinnen beinahe orientalisch wirkende Geburtshaus des Nikolaus von Kues (1401–64) fügt sich nahtlos ein in eine deutlich jüngere Häuserzeile. Hier, direkt am Moselufer, wurde der Philosoph und Theologe, der sich Cusanus nannte und als Begründer einer den Körper und die Seele vereinenden Medizin gilt, geboren. Das Geburtshaus beherbergt eine Ausstellung, in der du mehr über sein Denken und Schaffen erfahren kannst. Außerdem gibt es hier wechselnde Kunstausstellungen. *Fr 13–17, Sa/So 11–17 Uhr | Eintritt 4 Euro | Nikolausufer 49 | nikolaus-von-kues.de | ⏲ 1 Std.*

HISTORISCHE BONBONMACHEREI

Zuckerbäcker Willi Maas ist der „Bonbon-Willi". Von ihm kann man sich in

Gemütliche Gaststätten in Bernkastel-Kues laden zum abendlichen Schoppen Wein

seiner historischen Bonbonmacherei zu einer süßen Zeitreise verführen lassen, auf der er zeigt, wie vor 100 Jahren Bonbons produziert wurden. Die teilweise ungewöhnlichen Geschmacksrichtungen wie Riesling oder Glühwein schmecken garantiert auch heutigen Leckermäulern. *Tgl. 11–17.30 Uhr | Burgstr. 8 | bonbon-willi.de*

INSIDER-TIPP
Süßes mit Saurem

ST.-NIKOLAUS-HOSPITAL

Dort, wo ab der Mitte des 15. Jhs. im Auftrag von Kardinal und Philosoph Nikolaus von Kues Kranke versorgt wurden, wird heute Wein ausgeschenkt. Der *Gewölbekeller* des einstigen Hospitals direkt am Moselufer wurde nämlich zu einer großen *Mosel-Vinothek* mit über 160 Weinen und Sekten der gesamten Weinregion. Die Theorie dazu gibt's im angrenzenden multimedialen *Mosel-Weinmuseum.* Hier wird alles über den Weinbau und seine Geschichte gezeigt. Auch die gotische Kirche sowie der Kreuzgang sind noch erhalten. *April–Okt. tgl. 10–17 Uhr | Eintritt Museum 5 Euro, Vinothek 15 Euro | Cusanusstr. 2 | Tel. 06531 4141 | moselweinmuseum.de | 45 Min.*

BURG LANDSHUT

Bernkastel-Kues aus der Vogelperspektive ist am besten von der Burg Landshut hoch über dem Ortsteil Bernkastel aus zu erleben. Die Ruine lässt erahnen, welche Macht von der bereits im 7. Jh. erwähnten und 1692 durch ein Feuer zerstörten Anlage ausging.

ESSEN & TRINKEN

CAFÉ K

Frühstück vom Buffet? Pustekuchen! In dem Café auf halbem Wege zwischen Kueser Stadtzentrum und dem Geburtshaus Nikolaus von Kues werden die morgendlichen Leckereien stilvoll am Tisch serviert. Ebenfalls empfehlenswert: die hausgemachten Kuchen. *Mo/Di geschl. | Nikolausufer 14 | Tel. 06531 50 07 14 | cafe-k.org | €*

DOCTOR WEINSTUBE

An die berühmten Doctor-Weinlagen knüpft der Name des urigen Weinhauses mit seinem romantischen Innenhof an. Zu Recht, denn seine Erbauer, die Grafen von der Leyen, waren Besitzer des Doctorbergs. Hier kommen hervorragende Weine und Moseltypisches wie Zander auf Gräwes auf den Tisch. *Tgl. | Hebegasse 2 | Tel. 06531 966 50 | doctor-weinstube-bernkastel.de | €€*

Auf fast jeder Weinkarte zu finden: die guten Tropfen der Lagen „Schwarze Katz"

WALDSCHENKE MIT HERZ

Auf alten Weinfässern sitzt du über den Dächern von Bernkastel-Kues in der Waldschenke am Wanderweg nach Traben-Trarbach. Essen und Trinken sind zünftig und bodenständig, der Ausblick über das Moseltal ist himmlisch. Nach Absprache Shuttleservice zum Taxistand Bernkastel möglich! *Mo/Di geschl. | Trarbacher Wanderweg | Tel. 06531 97 39 86 | wirtshaus-mit-herz.de | €*

SHOPPEN

BERNKAST'LER FENSTER

Das wohl kleinste Kaufhaus in Deutschland. Unter dem Motto „Festival der Sinne" gibt's hier Kunsthandwerk, Keramik, Textilien, Lederwaren, Bücher, Kosmetik, Möbel und anderes mehr, teils auch von regionalen Produzenten. *Gestade 3*

SPORT & SPASS

MOSELKANUVEREIN

Wunderbar ist die rund fünfstündige kinderleichte „KanuTa-Tour" in kippsicheren, unsinkbaren Booten. Normale Kondition und Schwimmkenntnisse sind Voraussetzung fürs Lospaddeln. *Ab 35 Euro | Königstr. 3 | Kinheim | Tel. 06532 943 20 und 0174 105 19 91 | kanu-mieten.de/kinheim-traben-trarbach |* E8–9

AUSGEHEN & FEIERN

MOSELKINO

Gezeigt werden die aktuellen Filmhits und besondere Raritäten. Die Open-Air-Version der Filmgenüsse findet im Stadtpark statt. *Schanzstr. 12 | Tel. 06531 25 97 | mosel-kino.de*

PALMERA BAR

Chillige Location, die sich nicht entscheiden kann, ob sie Bar, Café, Musik-Pub oder alles gleichzeitig ist. *Fr/Sa bis 3 Uhr | Römerstr. 43*

RUND UM BERNKASTEL-KUES

1 ZELTINGEN-RACHTIG

7 km / 10 Min. Autofahrt von Bernkastel-Kues

Ein hübscher Ort (2500 Ew.) mit einem mittelalterlichen Marktplatz. In einem aufgegebenen Weinberghang am Ortsrand erfährst du in einem experimentellen *Sortengarten (Eintritt frei),* welche teils exotischen und mediterranen Pflanzen an der Mosel wachsen, blühen und Früchte tragen: Granatapfel, Kiwi, Gojibeere, Erdbeerbaum oder Chinesische Dattel gedeihen hier in sonnig-warmer Südlage. Seine Moselreise verlängern muss nicht nur, wer dieses mediterrane Klima schätzt, sondern auch, wer sich durch alle offenen Weine des Feinschmeckerlokals von Markus Reis im urigen *Zeltinger Hof (Kurfürstenstr. 76 | Tel. 06532 938 20 | zeltinger-hof.de | €€€)* probieren möchte, denn das sind rund 160. Etliche davon sind so erlesen und rar, dass sie normalerweise nur in der Flasche zu haben sind.

In einem Herrenhaus am Moselufer, dem *Weinhotel St. Stephanus (Uferallee 9 | Tel. 06532 680 | hotel-stephanus.de | €€)* mit Terrassenblick auf das Treiben in einer Schleuse, verwirklicht Hermann Saxler französische Feinschmeckerideale wie Carpaccio vom Biorind in Trüffelbutter. Gleich nebenan in der *Weinstube (Mo/Di geschl. | Uferallee 7 | Tel. 06532 939 10 | weinstube-vegan.de | €€)* kommt nur Veganes auf den Tisch: gutbürgerliche Gerichte in spannenden neuen Varianten. *ш E9*

INSIDER-TIPP
100 Prozent vegan

2 KLOSTER MACHERN ★

7 km / 10 Min. Autofahrt von Bernkastel-Kues

Ein verstaubtes Kloster? Nein, aus der ehemaligen Zisterzienserinnenabtei ist ein Zentrum für Musik und Kulinarik geworden. Der barocke Festsaal ist eine der Hauptspielstätten des Mosel-Musikfestivals. Ein Festival für den Gaumen ist das hauseigene Bier – eins der besten Deutschlands –, das im *Brauhaus (tgl. | €€)* entweder unter kunstvollen Deckenmalereien oder auf der Terrasse mit Moselblick serviert wird. Keine Sorge, im *Weincabinet (tgl.)* gibt's auch Rebensaft.

Spielzeugfans und Nostalgiker sollten sich auf dem Klostergelände das *Puppen- und Ikonenmuseum (tgl. 10–18 Uhr | Eintritt 3,50 Euro | 30–45*

Min.) mit Ausstellungsstücken aus zwei Jahrhunderten nicht entgehen lassen. Und in einer barocken *Kapelle* kann man sich sogar trauen lassen. *An der Zeltinger Brücke | Bernkastel-Wehlen | klostermachern.de |* 🕮 *E9*

3 ÜRZIG

10 km / 15 Min. Autofahrt von Bernkastel-Kues

In Ürzig ist's würzig! Und das gleich in zweierlei Hinsicht: Zum einen ist der Weinort (900 Ew.) für die Weinlage „Würzgarten" bekannt. Zum anderen ist der frei zugängliche mediterrane *Gewürz- und Rosengarten* mit mehr als 15 000 Pflanzen ein Genuss für Augen und Nase. Ein 6,5 km langer Rundwanderweg mit einem sehr anspruchsvollen Aufstieg durch Weinberge und Felsen führt zur Ürziger Höhe – Weitblick garantiert.

Der Themenweg *Felsenwelt & Geo-Garten* weiht einen in die Geheimnisse des Weinbaus unter alpinen Bedingungen ein – trotz steilen Felsengeländes auch etwas für weniger Geübte. Ein wahres Klettervergnügen bietet der Kletterweg *Erdener Treppchen*.

Nach der Wanderung kommen die Weine des Würzgartens und Riesling aus den berühmten Lagen „Erdener Treppchen" und „Erdener Prälat" im noblen Weingut *Mönchhof (Besuchszeiten Weingut Mo–Fr 9–11 u. 14–17 Uhr, Vinothek Fr 14–19, Sa/So 11–19 Uhr | Tel. 06532 9 31 64 | moenchhof.de).* auf den Tisch. Hervorragend speisen zu vernünftigen Preisen kann man im Weinhaus *Moselschild (Di geschl. | Moselufer | Tel. 06532 9 39 30 | moselschild.de | €€).* 🕮 *E9*

4 WITTLICH

20 km / 25 Min. Autofahrt von Bernkastel-Kues

In der Wittlicher Senke, einem fruchtbaren und klimatisch begünstigten Becken, liegt die gleichnamige Kreisstadt (19 000 Ew.). Perfekte Bedingungen für den Weinbau – und einen Stadtbummel über den urigen Marktplatz mit seinem barocken Kleinstadtcharme. Im Alten Rathaus zeigt die *Galerie für moderne Kunst (Di–Fr 10–12 u. 14–17, Sa 11–17, So 14–17 Uhr | Eintritt frei | Neustr. 2 | 45 Min.)* u. a. schöne Glaskunstwerke.

Aus dem modernen Restaurant des Viersternehotels *Lindenhof (tgl. | Am Mundwald 5 | Tel. 06571 69 20 | lindenhofwittlich.de | €€)* öffnet sich ein guter Blick über die Stadt. Mountainbike-Trails in die umliegenden Wälder starten direkt am Hotel.

Eines von zwei unbestrittenen Feinschmecker-Highlights der Gegend ist das mit drei Michelinsternen ausgezeichnete *Waldhotel Sonnora (Mo/Di geschl. | Auf'm Eichelfeld 1 | Dreis | Tel. 06578 4 06 | hotel-sonnora.de | €€€)* am Ortsrand des Dorfs *Dreis*, wenige Kilometer südlich von Wittlich. 🕮 *D9*

5 KRÖV

17 km / 20 Min. Autofahrt von Bernkastel-Kues

In Kröv kommen auf 2500 Ew. genauso viele Gästebetten. Das liegt nicht nur an der berühmten Weinlage „Kröver Nacktarsch", sondern auch an den vielen wunderschönen Fachwerkbauten wie dem *Dreigiebelhaus*, an den ehrwürdigen Kloster- und Weinhöfen, den Resten einer Wasserburg und an

Hübsche Erker, geschweifte Giebel, Schieferdächer: Bilderbuchstädtchen Traben-Trarbach

der schönen Uferpromenade. Apropos Ufer: Das ist natürlich am schönsten vom Wasser aus, wenn du mit dem Kanu oder Kajak vom Nachbarort *Reil* heranpaddelst. In Reil gibt es den *Mosel-Kanuverleih (moselkanuverleih.de)*. Ein halber Tag im 1er- oder 2er-Kanu kostet 20 Euro/Person ohne Transport, Kinder unter zehn Jahren paddeln kostenlos mit.

INSIDER-TIPP
Kröv ahoi!

Wem das Paddeln für den Nachwuchs ab sechs Jahren noch nicht actionreich genug war, der kann sich auf der Outdoor-Buggybahn vom *Erlebnisländchen Kröver Berg (April–Okt., nur mit Terminabsprache | Sportzentrum Kröver Berg | 0172 9372907 | buggybahnkroeverberg.de)* endgültig verausgaben. Kostenpunkt: 8,50 Euro für 10 Minuten. *kroev.de* | *E–F8*

6 TRABEN-TRARBACH ★

25 km/30 Min. Autofahrt von Bernkastel-Kues

Kein Moselort ohne Burg: Über Traben-Trarbach (6000 Ew.) thront die Ruine der *Grevenburg*. Das Jugendstilmekka strahlt ansonsten den Glanz des einstmals zweitgrößten Weinhandelsplatzes der Welt aus und ist noch heute etwas für Gutbetuchte, die es luxuriös mögen. Den verspielt wirkenden Charakter verlieh ihr der Berliner Architekt Bruno Möhring um 1900.

Wer vom Eifelufer in Traben auf die Hunsrückseite nach Trarbach kommt, den begrüßt ein imposantes *Brückentorhaus* – das Wahrzeichen der Stadt. Jugendstil und asiatischer Zauber gehen im *Buddha-Museum (Di–So 10–18 Uhr | Eintritt 15 Euro | Bruno-Möhring-Platz 1 | buddha-museum.de |*

60–90 Min.) eine skurrile Liaison ein: In der einstigen Weinkellerei ist heute mit 2000 Exponaten, die bis zu 700 Jahre alt sind, die größte Sammlung von Buddha-Statuen in Europa untergebracht.

INSIDER-TIPP
Buddhistische Weitsicht

Von der Dachterrasse des Buddha-Museums erlangst du einen Klarblick der anderen Art – dort nämlich liegt dir die Jugendstil-Skyline der Stadt zu Füßen.

Wer jetzt noch nicht seine innere Mitte gefunden hat, tut dies vielleicht während einer Ayurvedakur im hübschen Hotel *Parkschlösschen (Wildbadstr. 201 | Tel. 06541 70 50 | ayurveda-parkschloesschen.de)*. Vielleicht hilft aber auch ein Bad im 33 Grad warmen Heilwasser der *Moseltherme (Mo 14–21, Di–Fr 9–21, Sa/So 9–18 Uhr | 5,50 Euro/Std. | Wildsteiner Weg 5 | moseltherme.de)*.

BAULICHER HÖHENFLUG

Trotz des Widerstands und juristischer Klagen von Umweltschützern und umliegenden Kommunen rollen seit Ende 2019 Autos über den Hochmosel-Übergang. Zuvor schlängelte sich bei Bernkastel-Kues die B 50 durch einen Tunnel und dann die Hunsrückhöhen hoch, nun verbindet zwischen Ürzig und Zeltingen-Rachtig ein gewaltiger Brückenneubau Eifel und Hunsrück. Aus den ursprünglich veranschlagten rund 360 Mio. Euro sind am Ende knapp eine halbe Milliarde geworden. Während Einheimische wie Touristen die gigantischen Pfeiler bestaunen, überlegen sich Künstler und Politiker, wie das Bauwerk künstlerisch zur Attraktion gemacht werden kann. Die spektakuläre Lichtinstallation zur Einweihung sorgte schon mal für Schlagzeilen.

Die riesigen, oft mehrstöckigen Kellergewölbe unter der Stadt dienten einst der Lagerung riesiger Weinmengen, die von hier aus in alle Welt verkauft wurden.

INSIDER-TIPP
Tor zur Unterwelt

Einblick in die sonst verschlossene dunkle Seite der Stadt gewährt die Führung „Ausflug in die Traben-Trarbacher Unterwelt" *(8 Euro inkl. eines Glases Wein | Termine und Anmeldung bei der Touristinfo: Tel. 06541 8 39 80)*.

Abseits vom Trubel in den Gassen liegt die denkmalgeschützte Straußwirtschaft *Weingut Caspari (So–Mi geschl. | Weiherstr. 18 | Tel. 06541 57 78 | weingut-caspari.de | €)* mit einem gemütlichen Innenhof und einer Gutsschänke. Raffinierte, französisch inspirierte Speisen kommen im Traditionsweingut *Graifen (Mo/Di geschl. | Wolfer Weg 11 | Tel. 06541 81 10 75 | graifen.de | €€–€€€)* auf den Tisch. Zünftig ist es in der historischen Kellerschänke *Storcke-Stütz (Do geschl. | Brückenstr. 4 | Tel. 06541 68 18 | €)*.

In den Weinbergen im nahen Dörfchen *Burg* liegt *Schloss Burg (Tel. 06541 81 03 87 | burg-mosel.de)*, ein Jugendstilschlösschen inmitten einer blühenden Parklandschaft, in dem häufig Hochzeiten und Feste gefeiert werden. Hoch hinaus geht es im *Mosel Adventure Forest (Mo–Sa 10–18 Uhr | K 64 | Tel. 0175 323 98 95*

| *adventureforest.de)* auf dem Mont Royal mit Kletterparcours aller Schwierigkeitsgrade. *F8–9*

7 KLOSTER SPRINGIERSBACH

25 km / 30 Min. Autofahrt von Bernkastel-Kues

Gestresst? Dann solltest du das mehr als 900 Jahre alte Karmelitenkloster Springiersbach besuchen. Das liegt nicht nur in einem ruhigen Seitental – von Weitem nur dank der verspielten Kirchturmspitze zu sehen –, es werden auch Kurse zur spirituellen Einsicht und Stressreduktion angeboten. Vielleicht reicht aber auch schon ein Besuch der *Kirche*, in der man beim Betrachten der schönen Deckenfresken ganz automatisch einen Gang zurückschaltet. *Kirche tgl. 8–18 Uhr | Karmelitenstr. 2 | Bengel | Kursanmeldung unter Tel. 06532 9 39 50) karmeliten.de/orte/springiersbach | E8*

8 ZELL

35 km / 45 Min. Autofahrt von Bernkastel-Kues

Die „Schwarze Katz" bringt in Zell kein Unglück – denn so heißt hier eine berühmte Weinlage. Damit das auch so bleibt, sollten den *Collis-Steilpfad* nur geübte Wanderer gehen, die sich das gleichnamige Gläschen Wein erst nach der Kletterpartie genehmigen. Der Klettersteig überwindet mithilfe von Trittbügeln und Drahtseilen auf nur 1250 m Länge rund 280 Höhenmeter. Vom Schwarze-Katz-Brunnen führt der Weg bis hoch zum Collisturm von 1906. Die Kernstadt mit ihren 1500 Ew. geht auf eine römische Siedlung namens *cella* zurück. Allerdings ist von den uralten Wurzeln großer Brände im 19. Jh. nicht mehr viel übrig. Stattdessen erwartet dich ein lebendiger Ort mit charmanten Läden. Spuren des Mittelalters sind zwei Türme der einstigen Stadtbefestigung, ein viereckiger am Zeller Bach und ein runder am Friedhof über der Stadt. Auch die barocke Kirche *St. Peter und Paul* blieb unbeschadet. *F7*

22 m hoch ist der Aussichtsturm auf dem Prinzenkopf bei Alf

9 ALF

32 km / 35 Min. Autofahrt von Bernkastel-Kues

Der kleine Weinort (880 Ew.) mit seinen Fachwerkhäusern und dem Frei-

Lieser: Hoch über der Mosel wächst der Wein von Winzerin Sybille Kuntz

bad ist ein Tor zur Eifel, mündet hier doch der aus der Vulkaneifel kommende Alfbach in die Mosel. Südlich des Orts bietet der moderne Aussichtsturm *Prinzenkopf* atemberaubende Weitblicke. Eine sehr schöne Aussicht gibt's auch von der mehr als 1000 Jahre alten *Burg Arras.* Sie thront über dem Grün und beherbergt ein *Museum (Mo–Fr 10–18, Sa/So 9–18 Uhr | Eintritt 6 Euro | arras.de | 1 Std.).* E7

10 LIESER

5 km / 10 Min. Autofahrt von Bernkastel-Kues

An der Mündung des Eifelflüsschens Lieser beim gleichnamigen Ort (1200 Ew.) wirken mit Sybille Kuntz *(sybillekuntz.de)*, Thomas Haag *(weingut-schloss-lieser.de)* sowie Ludwig und Jörg Thanisch *(thanisch.de)* die renommierten Winzer. Deren edle Tropfen schmecken am besten nach einer Wanderung auf dem ★ *Lieserpfad,* der in vier Tagen von Daun nach Lieser führt – für den Moderator Manuel Andrack der „schönste Wanderweg der Welt"! Die Farbwelten der Malerin und Glaskünstlerin Mana Binz sind vom Moselland inspiriert und können nach Vereinbarung in ihrem *Atelier (Tel. 06531 9 70 90 | mana-binz.de)* bewundert werden. Kunst der architektonischen Art ist im *Schloss Lieser (schlosslieser.de)* zu finden, heute ein Luxushotel. F9

11 MARING-NOVIAND

9 km / 15 Min. Autofahrt von Bernkastel-Kues

Der Doppelort mit seinen 1500 Ew. ist unspektakulär, aber typisch für das Moselland: historische Häuser mit solidem Charme, Wegekreuze, eine römische Weinkelter ... In einem einst von der Mosel durchströmten Seitental findest du im winzigen Ortsteil *Siebenborn* etwas Besonderes: Die *Klostermühle Siebenborn (6 Zi. | Restaurant tgl. | Siebenborn 2 | Tel. 06535 70 37 | klostermuehle-siebenborn.de | €)* liegt nicht nur direkt am *Maare-Mosel-Radweg*, sondern ist auch der Ausgangspunkt für die aussichtsreiche, 7,2 km lange *Honigbergtour*. Das Hotelrestaurant mit idyllischem Biergarten serviert Regionales mit einem Hauch von Dolce Vita.

Nebenan im 850 Jahre alten *Weingut Arthur Melsheimer (Tel. 06535 8 51 | arthur-melsheimer.de, weinlehrpfad-siebenborn.de)* erfährst du alles über ökologischen Weinbau, und zwar von einem Nachkommen des „Jägers aus Kurpfalz", der als historisch belegte Inspiration für das berühmte Volkslied gilt. E9

12 BRAUNEBERG

10 km / 15 Min. Autofahrt von Bernkastel-Kues

Rund 1200 Ew. genießen die deutschen Wärmerekorde, die immer wieder in der Weinlage „Juffer Sonnenuhr" gemessen werden. Temperaturen, die sich der 40-Grad-Marke nähern, sind an manchen Sommertagen keine Seltenheit. Im Herbst wird auf der langen Nussbaumallee am Ufer ein beliebtes Straßenfest gefeiert.

Ein uriges Traditionsweingut ist der *Brauneberger Hof (Moselweinstr. 136 | Tel. 06534 14 00 | mosel-erlebnis.de | €€€)*. In dem alten Gemäuer gibt es Regionaltypisches, aber auch historische Gerichte – nämlich nach Rezepten des römischen Feinschmeckers Apicius, des Verfassers eines Kochbuchs aus dem 4. Jh. E9–10

INSIDER-TIPP Altbackenes

13 VELDENZ

10 km / 15 Min. Autofahrt von Bernkastel-Kues

Abseits des Moseltrubels in einem wilden Bachtal liegt das Dorf Veldenz (900 Ew.). Der einstige Grafensitz ist heute eine malerische Ruine. Hier trieb der Veldenzer Bach früher ein Hüttenwerk an. Aus der Kohlenscheune ist ein Café-Restaurant inmitten von Wiesen geworden. Sein Name *Rittersturz (Mo/Di geschl. | Veldenzer Hammer 1 | Tel. 06534 182 92 | rendezvousmitgenuss.de | €€€)* basiert auf der Sage über einen Ritter, der sich vom Felsen am Ende des Tals gestürzt haben soll. Normale Menschen besuchen lieber die benachbarten Orte *Mülheim* (1000 Ew.) und *Wintrich* (930 Ew.) direkt an der Mosel.

Das *Alte Kelterhaus (Mi geschl. | Am Martinergarten 13 | Wintrich | Tel. 06534 94 96 67 | altes-kelterhaus.de | €€–€€€)* führt ein sehr fantasievoller und innovativer junger Koch: Markus Plein hat aus dem Stierstall des Barons von Schorlemer eine Feinschmeckeradresse gemacht – kreative Küche mit einer Melange aus regionalen und exotischen Zutaten. F10

14 BELGINUM ARCHÄOLOGIEPARK

15 km / 20 Min. Autofahrt von Bernkastel-Kues

Wo liegt das Dorf der unbeugsamen Gallier? Das „vicus belginum", also das Dorf Belginum, nach dem der Archäologiepark mit keltischen und römischen Funden benannt ist, liegt auf einer Höhe abseits des Morbacher Ortsteils Wederath an der Hunsrückhöhenstraße. Im Außenbereich sind Reste eines antiken Dorfs samt Gräberfeld nachempfunden, im Museum wird das Alltagsleben der keltischen und römischen Siedler gezeigt. Außerdem gibt es einen 1 km langen archäologischen Wanderweg. Auch spannende Dauer- und Sonderausstellungen sowie Veranstaltungen. *April–Okt. Di–So 10–17 Uhr | Kombiticket 4 Euro | Keltenstr. 2 | Morbach | belginum.de |* *G9*

15 PIESPORT

18 km/20 Min. Autofahrt von Bernkastel-Kues

Piesporter Goldtröpfchen heißt der Wein, der den Moselort (2000 Ew.) weltweit berühmt gemacht hat. Kein Wunder – Wein hat hier mehr Tradition als sonst irgendwo, die größte römische Kelteranlage nördlich der Alpen wurde hier entdeckt. Bei einer

INSIDER-TIPP
Aperitif nach Römerart

Führung mit einem Kultur- und Weinbotschafter erfährt man, wie die Römer die Trauben kelterten, und kann den „Mulsum", einen Weinaperitif, kosten. Auch Gourmets kommen in Piesport auf ihre Kosten. Thomas Schanz' Gourmetrestaurant *Schanz (Mo/Di geschl. | Bahnhofstr. 8a | Tel. 06507 92520 | schanz-restaurant.de | €€€)* ist sternegekrönt. Als Haltepunkt für den doch meist leger gekleideten Radfahrer auf dem Moselradweg ist jedoch die Straußwirtschaft *Moselgarten (Mai–Okt. tgl. | In der Dur 6–10 | Tel. 06507 2123 | lehnert-veit.de | €)* des Weinguts Lehnert-Veit geeigneter.

Gegenüber, am anderen Moselufer, ragen steile Felsen direkt aus dem Wasser auf: die Mosel-Loreley. Das fast senkrecht vom Moselufer aufragende Naturdenkmal ist das Wahrzeichen des Orts und jedes Jahr im Juni die Kulisse für ein Großfeuerwerk. Der Fluss ist an dieser Stelle bis 18 m tief. Durch den Schleusenbau in den 1960er-Jahren wurde die Mosel aufgestaut, Uferwege wurden überflutet. Ein Weinberg, die Erzlay, ist seitdem nur noch per Boot erreichbar. *E10*

16 KLAUSEN

17 km/20 Min. Autofahrt von Bernkastel-Kues

Der Wallfahrtsort (1300 Ew.) in der Moseleifel ist ein Ort der Ruhe – vor allem im leicht verwilderten Abtsgarten der Augustiner Chorherren. Er liegt neben der spätgotischen *Kirche Maria Heimsuchung,* die 1502 geweiht wurde. Das frühere Dominikanerinnenkloster ist zum neuen Domizil des Demeterweinguts Sanders & Sanders geworden, das hier u. a. Likörweine im Stil von Sherry und Port erzeugt – aus Trauben von der Mosel. Im kleinen Dorfladen erfährst du Geschichten rund um Klausen, denn hier residiert auch eine kleine Touristinfo. *E10*

17 NEUMAGEN-DHRON ★

20 km/25 Min. Autofahrt von Bernkastel-Kues

Einer der schönsten Orte (2200 Ew.) an der Mosel hieß einst Noviomagum

Entlang des Römischen Lehrpfads in Neumagen findet sich auch dieses Relief

und war das Kastell des Kaisers Konstantin. Heute liegt in Neumagen das *Weinschiff „Stella Noviomagi"* vor Anker: Die Galeere ist die hölzerne Rekonstruktion nach einer römischen Steinskulptur, die in den Fundamenten des Kastells gefunden wurde. Und sie ist nicht nur etwas zum Angucken: Schiffsfahrten mit ihr sind ein besonderes Abenteuer; Geübte dürfen sogar selbst mitrudern. Informationen bei der *Tourist-information Neumagen-Dhron | Römerstr. 137 | Tel. 06507 65 55 | neumagen-dhron.de.*

Mittendrin im ältesten Weinort Deutschlands findest du die mit nur 27 m² kleinste und wohl auch urigste Weinstube: das *Wein- und Sekthaus Dillé (tgl. | Römerstr. 103 | Tel. 06507 55 14)*. Größer und mediterran ist die Laube des *Warsberger Weinhofs (tgl. | Römerstr. 98 | Tel. 06507 925 80 | warsberger-weinhof.de)*. Die Straußwirtschaft bietet Herzhaftes, passend zu frischem Riesling. Und auch in anderen Innenhöfen verbergen sich hinter uralten Mauern Oleander, Palmen, Olivenbäumchen und andere Pflanzen, die ans Mittelmeer erinnern. Passend dazu bietet das *Lekker (Di/Mi geschl. | Hinterburg 8 | Tel. 06507 93 97 71 | hotel-lekker.com | €€€)* wortwörtlich leckere, französisch inspirierte Gourmetküche. E10–11

18 TRITTENHEIM

25 km / 25 Min. Autofahrt von Bernkastel-Kues

„Einen Hinkelstein braucht man immer im Haus" – das Zitat von Obelix passt auch nach Trittenheim (1100 Ew.), denn hier gibt's am Pilgerweg nach Klausen das älteste Zeugnis menschlicher Siedlungen im Moselland –

Römische Geschichte, eindrucksvoll rekonstruiert: die Villa Rustica in Mehring

nämlich einen Menhir namens „Eselstratt", der mit etwa 3500 Jahren noch deutlich älter ist als der Comic-Held. Spuren weisen darauf hin, dass der Stein mit Werkzeugen bearbeitet wurde und einem Fruchtbarkeitskult diente. Außerdem steht bei Trittenheim das einzige erhaltene Fährturmpärchen zwischen Perl und Koblenz. Die gegenüberliegenden Türme aus dem 19. Jh. dienten zur Verankerung des Zugseils für die Pontonfähre. Keine ganzen Wildschweine, aber erlesenes, mehrfach ausgezeichnetes Essen findest du im *Wein- und Tafelhaus (Mo/Di geschl. | Moselpromenade 4 | Tel. 06507 70 28 03 | wein-tafelhaus.de | €€€).* *E–F11*

19 KLÜSSERATH

32 km / 30 Min. Autofahrt von Bernkastel-Kues

Was das Moselsprichwort „Lang wie Klüsserath" wirklich bedeutet, erfährt, wer von der Salmbrücke aus der schmalen alten Hauptstraße durchs Dorf folgt. Wie gut, dass es unterwegs das ehemalige Hofgut der Abtei Echternach, eine Wasserburg sowie die Pfarrkirche Rosenkranzkönigin zu sehen gibt. *E11*

20 MEHRING

40 km / 35 Min. Autofahrt von Bernkastel-Kues

Wer inmitten eines stinknormalen Wohngebiets ein antikes römisches Landhaus entdeckt, ist in Mehring gelandet. Die sogenannte ★ *Villa Rustica (Führungen April–Okt. So 11.30 Uhr | Eintritt frei | Im Hosterte | 1 Std.)* demonstriert eindrucksvoll den luxuriösen Alltag der römischen Siedler. Unter einer *villa rustica* versteht man ein antikes römisches Landhaus. Beim Anblick der Reste eines mehrfarbigen Fußbodenmosaiks, der kunstvollen Marmorwandverkleidungen und allein der schieren Größe des Gebäudes mit einer Grundfläche von

48 x 29 m und insgesamt 34 Räumen kann man nur staunen und den Reichtum des einstigen Besitzers erahnen. Ein Fußweg führt aus dem Ort (2400 Ew.) heraus, durch Weinberge und Wälder hindurch zu dem etwa 3 km entfernten *Aussichtsturm Fünf-Seen-Blick* bei Detzem. Von hier oben aus hat man eine wunderbare Sicht auf die Mosel, wie sie in großen Schleifen durchs Land fließt.

INSIDER-TIPP
Fünffach sehen

Nicht weit von Mehring bringt dich das *Besucherbergwerk Fell (April–Okt. Di–So 10–18 Uhr | Eintritt inkl. Führung 8 Euro | Kirchstr. 43 | Fell | wp.bergwerk-fell.de | 90 Min.)* in die Welt des Schieferabbaus, wo auch im Sommer nur kühle 12 Grad herrschen. Jeder tausendste und jeder Schnapszahlbesucher erleben den Bergmannsgruß „Stein und Wein" ganz praktisch und bekommen Wein und Schiefer geschenkt.

Außerdem ist die Gegend um Mehring für Feinschmecker und Genießer interessant: Das *Weingut Longen-Schlöder (Di geschl. | Kirchenweg 9 | Longuich | Tel. 06502 8345 | longen-schloeder.de | €)* ist bekannt für seine Kulturevents, guten Wein und leichtes, mediterranes Essen.

Nur einen Steinwurf entfernt kreiert Harald Rüssel inmitten von Wäldern und Wiesen in ★ *Rüssels Landhaus (Di/Mi geschl. | Büdlicherbrück 1 | Naurath/Wald | Tel. 06509 91400 | ruessels-landhaus.de | €€€)* raffinierte Speisen mit überwiegend regionalen Zutaten. Angeschlossen ist auch *Rüssels Hasenpfeffer (€€–€€€)* mit lokaler Landhausküche. E11

SCHÖNER SCHLAFEN AN DER MITTELMOSEL

SAGENHAFT TRÄUMEN

Im familiären Themenhotel in Bernkastel-Kues, dem *Märchenhotel (Kallenfelsstr. 25 27 | Tel. 06531 96550 | maerchenhotel.com | €€–€€€)*, sind alle 16 Zimmer nach Märchenmotiven gestaltet. Hinzu kommen ein Spabereich und die historische Weinstube von 1640.

SCHLAFEN IM WEINFASS

Außergewöhnlich ist die Übernachtung in einem 2x2-m-Bett in einem echten Weinfass, umgeben von Weinbergen, auf dem *Mosel-Camping-Platz (Rissbacherstr. 155 | Tel. 06541 3111 | mosel-camping-platz.de)* in Traben-Trarbach – und noch dazu für nur 40–60 Euro pro Nacht.

TRIER & UMGEBUNG

ANTIKE DENKMÄLER IM HERZEN EUROPAS

Zweitausend Jahre sind rund um Trier *(🕮 D–E13)* **quicklebendig. Nirgendwo nördlich der Alpen findest du mehr antike Stätten – manchmal könnte man glauben, man wäre in Rom.**

Trier war schon immer ein Schmelztiegel der Kulturen: Kelten, Römer, Franken und Hunnen gaben sich hier die Klinke in die Hand. Die zentrale Lage und das warme Klima machten den Talkessel ideal für die Gründung einer Siedlung. Die erste Stadt errichteten die Assyrer – ganze 1300 Jahre vor der Entstehung Roms. Die Römer erklärten

Petrusbrunnen auf dem Trierer Hauptmarkt

Trier dann als Augusta Treverorum zur Hauptstadt ihres Westreichs. Heute geht man recht nüchtern mit dem antiken, zum Unesco-Welterbe gehörenden Schatz um. So wird unter dem Viehmarkt eine römische Thermenanlage zum Eventschauplatz und mündet in ein Parkhaus. Romantischer präsentiert sich der sanft bergige Saargau südwestlich von Trier: Auf Streuobstwiesen gedeihen die Früchte für den beliebten Apfelwein Viez. Und im zerklüfteten Meulenwald warten geheimnisvolle Höhlen, Schlössern und Burgruinen.

TRIER & UMGEBUNG

MARCO POLO HIGHLIGHTS

★ **KAISERTHERMEN**
Einstmals die größte römische Thermenanlage ➤ S. 97

★ **KONSTANTINBASILIKA**
Einst römischer Thronsaal, nun Kirche mit riesigem Innenraum ➤ S. 96

★ **PORTA NIGRA**
Größtes römisches Stadttor nördlich der Alpen ➤ S. 94

★ **SAARBURG**
Malerisches Städtchen mit Bach, Burg und Wassermühle ➤ S. 107

★ **RHEINISCHES LANDESMUSEUM**
Gigantische Sammlung zur Geschichte der ersten vier Jahrhunderte n. Chr. in Deutschland ➤ S. 96

★ **ST. PETER**
Der älteste Dom Deutschlands geht bis auf das 4. Jh. zurück ➤ S. 95

★ **HAUPTMARKT**
Trubeliger Platz mit Shopping- und Architektur-Overkill ➤ S. 95

★ **MÜLLERTHAL**
Felsiger Canyon in der Luxemburgischen Schweiz ➤ S. 103

★ ★ **JARDIN DES PAPILLONS**
50 Schmetterlingsarten umflattern dich hautnah ➤ S. 105

★ **ROSCHEIDER HOF**
In dem Freilichtmuseum erleben, wie Handwerker und Bauern früher arbeiteten ➤ S. 101

Simeonstift 2
1 Porta Nigra
Unverpackt
Alkuinstraße
Kutzbachstr.
Moselstr.
Theodor-Heuss-Allee
Christophstr.
Moltkestraße
Göbenstraße
Roonstr.
Rindertanzstr.
Pizzamanufaktur Pellolito
Sichelstr.
Zuppa
Avantgarderobe
Zur Glocke
Monte Petris
Deworastr.
Hauptmarkt
4
Palais Walderdorff's
Sichelstr.
3 Liebfrauenkirche
Dominikanerstr.
Predigerstr.
Weinstube Kesselstatt
3 St. Peter
Wein- und Fischhaus Oechsle
Banthusstr.
Konstantinstr.
Ostallee
Güterstr.
Konstantinbasilika 6
Gartenfeldstr.
Weberbach
7 Kurfürstliches Palais & Palastgarten
Helenenstr.
Kronprinzenstr.
Balduinstr.
Schützenstr.
8 Rheinisches Landesmuseum
Tufa
Bergstr.
Weberbach
Hermesstr.
9 Kaiserthermen
Charlottenstraße
Hettnerstr.
Wilmowskystr.
100 m
109 yd
Becker's
Amphitheater 10
Olewiger Str.

Knapp 1800 Jahre alt, weltbekannt und immer noch beeindruckend: die Porta Nigra

Mit 105 000 Ew. ist die Universitätsstadt Trier ganz knapp eine Großstadt. Wer in der Altstadt bummelt, sieht die umgebenden Berge von Hunsrück und Eifel.

Zugleich erlebt man in der Beinahe-Kleinstadt, was Weltoffenheit heißt: Zu den Einheimischen gesellen sich chinesische Touristen, denen das Karl-Marx-Haus heilig ist, Amerikaner auf Sightseeingtour, shoppingbegeisterte EU-Beamte diverser Nationalitäten von nebenan – aus Luxemburg –, japanische Touristen oder auch Katholiken aus aller Herren Länder, die eine Pilgerreise zum Grab des Apostels Matthias unternehmen. Bei einer Pause in einem Straßencafé in Triers Innenstadt bekommst du einen Eindruck von der fast babylonischen Sprachvielfalt.

SIGHTSEEING

Alle römischen Highlights auf einmal, und das preisgünstig: die *Antikencard* in Trier gibt es zum Komplettpreis ab 12 Euro. Zu haben bei der Touristinfo an der Porta Nigra.

INSIDER-TIPP
Römische Rabattaktion

1 PORTA NIGRA ★

Das größte und besterhaltene römische Stadttor nördlich der Alpen ist heute das asymmetrische und niemals vollendete Wahrzeichen von Trier. Es steht am nördlichen Ende der belebten Fußgängerzone, in direkter Achse zum Hauptmarkt. Errichtet wurde die Porta Nigra um 180 n. Chr. aus hellen Sandsteinquadern aus dem nahen Kylltal. Über die Zeit schwärzte der Ruß mehrerer Stadtbrände die Steine, sodass das Tor inmitten des modernen Citytrubels von ferne beinahe unscheinbar wirkt. Mehr als 800 Jahre lang waren zwei übereinanderliegende Kirchen in das Tor eingebaut. *April–Sept. tgl. 9–18, Okt. und März tgl. 9–17, Nov.–Feb. tgl. 9–16 Uhr | Eintritt 4 Euro | ⏲ 45 Min.*

Ein römischer Zenturio in Paraderüstung erzählt bei den unterhaltsamen *Erlebnisführungen (April–Nov. Fr 15, Sa 13.30 und 15, So 12.00, Juli–Okt. auch Mi 15, Jan.–März und Nov./Dez. Sa 15 Uhr | 12,90 Euro | nach Voranmeldung in der Touristinfo, Tel. 0651 97 80 80)* die spannende Geschichte der Porta Nigra.

Hier startet auch die *Stadtrallye Trier (Tour 3,90 Euro)* für clevere Kinder ab sechs Jahren (und ihre Eltern) auf Spuren des jungen Römers Titus zu bedeutenden römischen Gebäuden, Plätzen und sonstigen Sehenswürdigkeiten der Innenstadt.

2 SIMEONSTIFT

Das Leben ist ein Wunschkonzert – zumindest während der Veranstaltung „Wunschbrunnenhof" im Brunnenhof direkt neben der Porta Nigra. Vor dem Eingang zum *Stadtmuseum Simeonstift (Di–So 10–17 Uhr | Eintritt 5,50 Euro | museum-trier.de | ⏲ 1,5–2 Std.)*, in dem Skulpturen, Gemälde, Porzellan und Gebrauchsgegenstände aus Trier und mehreren Jahrhunderten ausgestellt sind, steppt von Juni bis August regelmäßig der Bär. Und auch der Jazzfreund – beim „Jazz im Brunnenhof". *Simeonstr. 60*

3 ST. PETER & LIEBFRAUENKIRCHE

Seite an Seite stehen sie auf dem Domplatz: die älteste gotische Kirche in Deutschland, die *Liebfrauenkirche* aus dem 13. Jh., und ★ *St. Peter*, der älteste deutsche Dom mit Ursprüngen im 4. Jh. Mit den Krypten, dem Kreuzgang und der Domschatzkammer sind im Innern des Doms Kunststile aus über 1650 Jahren vereint.

Im Abstand von mehreren Jahren wird hier die ansonsten verschlossene Reliquie des Heiligen Rocks gezeigt – angeblich Fragmente der Tunika von Jesus. Im Jahr 2012 zog es 545 000 Pilger nach Trier: zur „Heilig-Rock-Wallfahrt". 1996, bei der letzten von nur drei Wallfahrten im 20. Jh., kamen sogar 700 000 Gläubige aus aller Welt. *Mo–Sa 10–18, So 11.30–18, Nov.–März tgl. 6.30–17.30 Uhr | Dom-Information: Tel. 0651 9 79 07 90 | dominformation.de*

4 HAUPTMARKT ★

Das Kopfsteinpflaster des quirligen Platzes ist nichts für Highheels. Aber

WOHIN ZUERST?

Gleich neben der **Porta Nigra** liegt die Touristinfo, und jeden Tag von März bis Dezember startet hier alle 25 Minuten eine kleine Bimmelbahn zu einer Stadtrundfahrt. Die Porta Nigra ist wenige Gehminuten vom Hauptbahnhof entfernt und mit den Buslinien 6, 14 und 16 erreichbar.
Parken: im Parkhaus Porta Nigra.

in den unzähligen großen und kleinen Geschäften drum herum kannst du selbige kaufen und vieles andere, an den Marktständen auch frische Blumen, Obst und Gemüse. Ob wegen der Fülle an Geschäften oder der vielen architektonischen Highlights – auf dem Hauptmarkt weiß man gar nicht, wohin man zuerst gucken soll.
Von hier aus hast du nicht nur einen schönen Blick auf die *Porta Nigra* und den *Dom*. Die barocke Stadtkirche *St. Gangolf* und hübsche Bürgerhäuser wie die *Steipe* wollen auch einen Platz auf der Hauptmarktbühne. Auf den Steinstufen zum reich verzierten *Marktbrunnen* sitzen Jugendliche bis in die Nacht, die etwas älteren Einheimischen und Touristen bevölkern die Straßencafés ringsum.

5 KORNMARKT

Die Zutaten für einen der lebendigsten Plätze Triers: eine riesige, schattenspendende Zeder, der *Sankt-Georgs-Brunnen* – einer der schönsten Rokokobrunnen überhaupt – und ein Bronzemodell der historischen Altstadt, das Blinde ertasten können und Sehende staunen lässt.

6 KONSTANTINBASILIKA ★ ☂

Die Konstantinbasilika ist mit 67 m Länge, 27 m Breite und 33 m Höhe der größte umbaute Raum, der aus der Antike erhalten ist. Einst war die seit 1856 evangelische *Kirche zum Erlöser* eine Palastaula und der Thronsaal Kaiser Konstantins. 1944 brannte die Basilika völlig aus. Der Wiederaufbau vollzog bewusst die Schlichtheit des römischen Bauwerks nach. Die Ausmaße der Halle und eine hölzerne Kassettendecke sorgen für eine hervorragende Akustik, sodass die Basilika für Konzerte genutzt wird. Der Nachhall der riesigen Orgel dauert ganze sieben Sekunden, zähl ruhig mit: 21, 22, 23 ... *April–Okt. Mo–Sa 10–18, So 13–18, März u. Nov./Dez. Mo–Sa 10–12 u. 14–16, So 13–15 Uhr, Jan./Feb. unregelmäßig | konstantin-basilika.de | ⏲ 30 Min.*

7 KURFÜRSTLICHES PALAIS & PALASTGARTEN

Gleich neben der Konstantinbasilika liegt ein wunderschöner Rokokopalast. Das Kurfürstliche Palais aus dem 18. Jh. ist heute ein Behördensitz und kann nicht besichtigt werden. Dafür können Touristen den *Palastgarten* durchstreifen. Zwischen faulenzenden Einheimischen auf der *Liegewiese* findest du barocke Gartenkunst mit Wasserspiel, Magnolien, Hainbuchen und Skulpturen.

8 RHEINISCHES LANDESMUSEUM ★ ☂

Selbst etwas für Museumsmuffel: Nirgendwo sonst in Deutschland erfährst du so viel über Wirtschaft, Kunst, Kultur, Religion und Zivilisation der ersten vier Jahrhunderte nach Christus. Auf 4000 m^2 präsentiert die Dauerausstellung spektakuläre Originale wie etwa die steinerne Skulptur eines bei Neumagen-Dhron gefundenen Weinschiffs. Weitere 2000 m^2 sind wechselnden Sonderschauen vorbehalten. Die Münzsammlung des Museums ist eine der größten in ganz Deutschland. Mehr als 2500 nahe der

Quirliges Leben und prächtige Bürgerhäuser: Der Hauptmarkt ist das Herz von Trier

Römerbrücke in Trier gefundene Münzen ergeben den größten bislang gefundenen römischen Goldschatz. Den historischen Reichtum des Rheinlands dokumentieren vorgeschichtliche Funde, Inventare keltischer Fürstengräber und prächtiger fränkischer Goldschmuck. *Di–So 10–17 Uhr | Eintritt 8 Euro | Weimarer Allee 1 | landesmuseum-trier.de | 2–3 Std.*

9 KAISERTHERMEN ★

Schon die alten Römer standen auf Fußbodenheizungen – das zeigt ein Besuch der aus Sandstein und roten Ziegeln im 4. Jh. errichteten Kaiserthermen. Die einst größten und repräsentativsten Badeanlagen im Römischen Reich verfügten nämlich bereits über selbige sowie ein ausgeklügeltes Warmwassersystem. Im Mittelalter wurden die Thermen dann als Steinbruch benutzt. Ihre Lage direkt an einem der belebtesten Verkehrsknotenpunkte Triers bietet heute einen ungewöhnlichen Kontrast. *April–Sept. tgl. 9–18, Okt. u. März 9–17, Nov.–Feb. 9–16 Uhr | Eintritt 4 Euro | Weimarer Allee 2 | trier-info.de/kaiserthermen | 1 Std.*

10 AMPHITHEATER

Etwas versteckt hinter einer hohen Mauer liegt am Fuß des Petrisbergs das römische Amphitheater. 100 n. Chr. erbaut, bot es 20 000 Zuschauern Platz. Heute bejubelt man nicht mehr Gladiatoren im Kampf auf Leben und Tod, sondern Rockbands, die vor historischer Kulisse auftreten.

Eine Reise in die Zeit der Römer, als mutige Kämpfer und wilde Tiere in der

Arena ihr Leben zur Unterhaltung der blutgierigen Massen lassen mussten, unternimmst du während der Schauspielführung mit dem Gladiator Valerius. Er führt dich in die unterirdischen Gänge und Verliese des Amphitheaters und berichtet aus dem Alltag eines Gladiators. *April–Sept. tgl. 9–18, Okt. u. März 9–17, Nov.–Feb. 9–16 Uhr | Führung 18 Euro | Anmeldung in der Touristinfo | ⏲ 1 Std.).*

INSIDER-TIPP
Kampf der Gladiatoren

11 MARIENSÄULE

Sehen und gesehen werden einmal anders: Die 1866 geweihte Mariensäule auf dem Markusberg, dem höchsten Punkt der Sandsteinfelsen am Eifelufer, ist weithin sichtbar und zu Fuß von der Katholischen Akademie aus erreichbar (ca. 1 km). Der Vorplatz des 40 m hohen sakralen Denkmals bietet einen spektakulären Blick auf Trier und das Moseltal. Die Säule ist ein Akt des Trotzes gegen die damalige preußisch-protestantische Regierung: Die katholischen Bürger wollten mit ihr das Dogma der Unbefleckten Empfängnis unterstreichen.

ESSEN & TRINKEN

BECKER'S

In dem puristisch eingerichteten *Restaurant* keiert Spitzenkoch Wolfgang Becker französisch inspirierte Köstlichkeiten wie bretonischen Hummer oder Wolfsbarsch, aber auch Rehrücken oder geschmortes Kalbsherzbries. In seiner gemütlichen *Weinstube* nebenan ist das Essen ein etwas bodenständigerer Genuss. Für Gourmets gilt: auf jeden Fall hingehen!

Pizzamanufaktur Pellolito: Die Pizza ist hier superlecker, vieles andere aber auch

Restaurant So/Mo geschl., Weinstube tgl. | Olewiger Str. 206 | Tel. 0651 93 80 80 | beckers-trier.de | €€€ | 🕮 f4

WEINSTUBE KESSELSTATT

Immer gut besucht: In der gemütlichen Weinstube mit den Flaschenregalen aus Fässern und den alten Keltern gibt es Rieslingweine und moseltypische Speisen. Die Weinstube liegt direkt neben dem barocken Palais Kesselstatt und zu Füßen von Dom und Liebfrauenkirche. *Tgl. | Liebfrauenstr. 10 | Tel. 0651 4 11 78 | weinstube-kesselstatt.de | €*

ZUR GLOCKE

Im 1803 gegründeten Wirtshaus schlägt das Herz der Trierer. Das Kellergewölbe stammt aus dem 12. Jh., die regionaltypischen Speisen, darunter auch Besonderes wie frittierte Moselfische oder Pferdesteak, sind dagegen garantiert frisch. *Tgl. | Glockenstr. 12 | Tel. 0651 7 31 09 | romantikhotel-zur-glocke.de | €€*

ZUPPA

Nicht nur etwas für Suppenkasper: Mittags gibt's hier fünf wechselnde Suppen – von klassischen Eintöpfen bis zu exotischen Kreationen aus aller Welt. Mindestens zwei davon sind vegetarisch und eine vegan – zuppa lecker! *So geschl. | Sichelstr. 18 | Tel. 0651 2 06 47 13 | zuppa-trier.de | €*

YONG YONG

Multikulti trifft hier nicht nur auf die Kombination von asiatischen Speisen mit lokalen Weinen zu. Das Yong Yong ist Concept-Store, Kaffeehaus, Weinbar, Suppenküche und Designladen in einem. Wer es besonders gesund mag, probiert hier den neuen Foodtrend „Poké-Bowls". *So–Di geschl. | Neustr. 39–40 | Tel. 0651 1 45 31 58 | yongyong.de | €€*

PIZZAMANUFAKTUR PELLOLITO

In dem gemütlichen, kleinen Restaurant gibt es die beste Pizza in Trier. Pasta, Salate und Kreationen wie „Ziegenpeter" (Kalbfleischburger mit Ziegenkäse gratiniert) sind ebenfalls ein Genuss. Gastgeber Pello Bender zeigt, dass mediterrane Köstlichkeiten wunderbar zu guten einheimischen Weinen passen. *So geschl. | Stockstr. 3 | Tel. 0651 9 76 37 15 16 | €–€€*

MONTE PETRIS

Auf der Weitblickterrasse des Monte Petris weht ein angenehm frischer Wind. Das moderne Restaurant war früher eine Kaserne, heute besitzt es Lounge-Atmosphäre. Die Gerichte sind klassisch mit mediterranem Einschlag. Besonders beliebt: Flammkuchen und die hausgemachten Desserts. *Tgl. | Max-Planck-Str. 6 | Tel. 0651 1 70 89 98 | montepetris.de | €€*

SHOPPEN

AVANTGARDEROBE

Trier kann auch modisch. Die Designerin Tanja Kriebel zeigt in ihrer Boutique u.a. ihre richtungsweisende, unkonventionelle Strickmode – vom schlichten Kleid mit Swarovskisteinen bis zur ausgefallenen „Handymütze". *Jakobstr. 33 | avantgarderobe.de*

UNVERPACKT
Öko und Nachhaltigkeit liegt weiterhin im Trend. So wie in diesem Supermarkt, wo du über 600 Lebensmittel und andere Produkte lose und ohne Einwegverpackung kaufen kannst. *Simeonstr. 3 | unverpackt-trier.de*

SPORT & SPASS

MS PRINCESSE MARIE-ASTRID
Das luxemburgische Passagierschiff *MS Princesse Marie-Astrid* bietet luxuriösen Platz für bis zu 500 Flussreisende. Auf ihm wurde das Schengener Abkommen unterzeichnet. Heute ist es idealer Schauplatz für besondere Moselfahrten mit Gourmet- oder Musikevents. Reservierungen bei der *Entente Touristique de la Moselle* in *Grevenmacher (10 route du vin | Tel. 00352 75 82 75).*

PETRISPARK
Im Sattelpark auf dem Petrisberg nahe der Universität trifft man sich zum Beachvolleyball- und Streetballspielen und Skaten. Kinder lieben den Wald- und den Wasserspielplatz. *petrispark.de*

AUSGEHEN & FEIERN

KASINO AM KORNMARKT
Im klassizistischen Gebäude lockt der Spielort des Trierer Theaters Freunde von Schauspiel und Kabarett ebenso wie Fans verschiedenster Musikgenres zu italienischem Opernabend, Oriental Night oder moderner Tanzparty. *Am Kornmarkt 1–3 | Tel. 0651 99 93 69 36 | kasino-kornmarkt.de*

WEIN- UND FISCHHAUS OECHSLE
Frischer Fisch und Wein passen bestens zusammen. Zumal wenn man 120 verschiedene Weine für nur 15 Euro probieren darf! *Weinprobe tgl. 10–18 Uhr | Palaststr. 5–7 | Tel. 0651 9 91 75 55*

O'DWYER'S IRISH PUB
Fast schon unscheinbar wirkt die irische Bar am Ende der Neustraße. Aber manchmal braucht es für einen gemütlichen Abend eben nur ein nettes Ambiente, leckeres, lokales (oder irisches) Bier und natürlich gute Musik. So einfach, so gut! *So geschl. | Neustr. 56*

PALAIS WALDERDORFF'S
In dem Palast vis-à-vis vom Dom übernachtete einst Napoleon, in der nach ihm benannten Bar kannst du elegant chillen. Lebhafter geht es im *Club Toni* im Palais zu, wo DJs auflegen. *Tgl. ab 11.30 Uhr | Domfreihof 1a | walderdorffs.de*

TUFA
Die ehemalige Tuchfabrik ist Konzert-, Tanz- und Theaterbühne, Galerie und Kulturzentrum mit der Kneipe *Textorium. Wechselstr. 4 | Tel. 0651 7 18 24 12 | tufa-trier.de*

ZAPOTEX
Smarte Musik von House bis R'n'B und gute Drinks gibt's in der vor rund 30 Jahren von Studenten gegründeten Kneipe. *Mo–Sa 19–2/4 Uhr | Pferdemarkt 1a | Tel. 0651 7 58 22 | zapotex.de*

RUND UM TRIER

ROSCHEIDER HOF ★

10 km/15 Min. Autofahrt von Trier

Unweit der Stadt *Konz* wird in diesem Volkskunde- und Freilichtmuseum das Leben in der Großregion Rheinland-Pfalz/Luxemburg/Lothringen in den letzten 200 Jahren anschaulich gemacht. Bei Schönwetter im Freigelände mit Häusern wie vor 100 Jahren, bei Regen (und auch sonst) in der 1200 m² großen Museumsausstellung. Kernstück des Museums ist ein Gutshof aus dem 14. Jh. In der Hofschänke gibt es regionale Gerichte. *Di–Fr 9–18, Sa/So 10–18 Uhr | Eintritt 7 Euro | Roscheider Hof | Konz | Tel. 06501 92710 | roscheiderhof.de | 2–3 Std. | E13–14*

WASSERLIESCH

10 km/10 Min. Autofahrt von Trier

Gleich 20 seltene Orchideenarten wachsen auf einem Hochplateau zwischen Mosel und Saar bei Wasserliesch. Mitten durch das Naturschutzgebiet Perfeist führt der rund 8 km lange und recht chillig zu erwandernde Kultur- und Orchideenweg. Die heideähnlichen Kalkmagerrasen gefallen nicht nur Orchideen, sondern auch vier Enzianarten sowie Schwalbenschwänzen, Wiesenvögelchen und anderen Schmetterlingen.

Wer mag, kann noch einen Blick in das beschauliche Örtchen (2200 Ew.) mit seinen moseltypischen, engen Straßen und Häuserzeilen, teils im Roko

ko- oder Barockstil, werfen. Hier ist das Leben beschaulich. Einen Blick hinter die Kulissen verschafft das Weingut *Giwer-Greif (Neudorfstr. 24 | Tel. 06501 180522 | giwer-greif.de | €–€€).* Im Innenhof des Winzerhofs aus dem 17. Jh. mit roten Sandsteinmauern spenden Feigen, Oleander und Palmen Schatten. *D14*

IGEL

9 km / 15 Min. Autofahrt von Trier

Wenn du, wie so viele, auf der Durchreise nach Luxemburg in der Gemeinde (2000 Ew.) am Eifeler Moselufer vorbeikommst, halt doch mal an! Hier gibt es mitten im Ort – leider eingekeilt zwischen normaler Bebauung – mit der *Igeler Säule (Trierer Straße),* das mit 23 m Höhe größte römische Grabmal nördlich der Alpen zu bestaunen. Die wuchtige Stele wurde im 3. Jh. zum Gedenken an eine wohlhabende keltisch-römische Tuchmacherfamilie errichtet und ist geschmückt mit Reliefs, die Motive aus dem Alltag vor rund 2000 Jahren zeigen.

Außerhalb des Orts, am Hang oberhalb der Bundesstraße nach Wasserbilligerbrück, liegt das ebenfalls frei zugängliche *Grutenhäuschen.* Die helle (rekonstruierte) Säulenarchitektur des römischen Grabtempels aus dem 3. Jh. fügt sich fast schon kitschig in die Weinberge des Guts *Löwener Mühle* ein. *D14*

GENOVEVAHÖHLE

19 km / 20 Min. Autofahrt von Trier

Die sagenumwobene Höhle liegt mitten im Wald bei Kordel, unweit der B 52. Wer sie erreichen will, macht

sich auf zu einer etwa 2 km langen Wanderung über in den Sandstein gehauene Stufen. In der 15 m langen und 10 m hohen Höhle sind zahlreiche Meißelspuren zu erkennen. Sie stammen von Steinzeitmenschen, die hier Zuflucht suchten.

Ursprünglich hieß die durch Erosion entstandene Höhle Kuttbachhöhle, doch dann, in der deutschen Romantik, verbreitete sich die Sage, derzufolge die untreue Grafengattin Genoveva hierhin verstoßen und von einer Hirschkuh gerettet wurde – wie rührend. *D12*

ECHTERNACH & MÜLLERTHAL

25 km / 30 Min. Autofahrt von Trier

Westlich von Trier liegt die mit Ab-

Wandern über Brücken und durch Höhlen: Im Müllerthal warten spektakuläre Pfade

stand faszinierendste Landschaft Luxemburgs: Bei Grundhof beginnt das ★ *Müllerthal*. Den spektakulären Canyon hat der Gebirgsfluss Schwarze Ernz senkrecht in die Sandsteinfelsen der Luxemburger Schweiz gegraben.

INSIDER-TIPP
So weit die Füße tragen

Auf 112 km führt der *Müllerthal Trail (muellerthal-trail.lu)* auf drei Wanderrouten durch Felsschluchten, Wälder, lichtdurchflutete Täler und entlang kleiner Wasserläufe. Die meisten Wanderer teilen die Gesamtstrecke in sechs Etappen auf – aber auch Tagestouren sind möglich.

Los geht's in *Echternach*, der größten Stadt der Gegend mit 5100 Ew. am Grenzfluss Sauer. Bevor du die Wanderschuhe schnürst, lass dir Echternachs mittelalterliche Innenstadt und den Rokokostadtpark nicht entgehen. Das geistliche Leben der Stadt kannst du im *Abteimuseum (museedelabbaye.lu/de)* nachvollziehen. Dass das alles andere ist als langweilig, zeigt auch die Echternacher Springprozession zu Pfingsten, bei der Tausende Gläubige zu Polkarhythmen durch die Stadt bis zum Grab des hl. Willibrord in der *St.-Willibrord-Basilika* springen.

Sehr gut essen lässt es sich im *L'Ernz Noire (Di geschl. | 2, route de Beaufort | Grundhof (**🕮 B14**) | Tel. 00352 83 60 40 | mullerthal.lu | jre.eu | €€€)*, wo Gourmetkoch David Albert am Herd steht. *🕮 C13*

IRREL

25 km/25 Min. Autofahrt von Trier

Wer Natur mag, wird diesen Ort (1300 Ew.) an der Grenze zu Luxemburg aus drei Gründen lieben: Erstens gibt es unweit des Dorfs kleine, wildromantische Wasserfälle der Prüm. Zweitens steht auf dem nahen Ferschweiler Plateau ein geheimnisvoller, von den ersten Christen behauener jungsteinzeitlicher Menhir namens Fraubillenkreuz im Wald. Drittens hat sich am Rand des Plateaus die finstere Teufelsschlucht in den Sandstein gefräst. Auf die jüngere, kriegsgeprägte Vergangenheit der Region verweist das *Westwallmuseum (April–Sept. So 14–17 Uhr | Eintritt 3 Euro | Heidstraße | westwallmuseum-irrel.de | ⏲ 1–2 Std.)* im einstigen Bunker Katzenkopf. *🕮 C13*

RUWERTAL

10 km/15 Min. Autofahrt von Trier

Radfahrer sollten ins Ruwertal nordöstlich von Trier kommen: Auf der Trasse der ehemaligen Bahnlinie Trier–Hermeskeil ist nämlich ein schöner Radweg angelegt worden, der die Mosel mit den Hunsrückhöhen verbindet. Genussradler beginnen am besten „oben" in Hermeskeil. Für Wanderer gibt's entlang der Weinhänge und Obstwiesen auch schöne Wege – z. B. den *Saar-Hunsrück-Steig* oder den *Schiefer-Wackenweg*. Elnen Stopp lohnen die Burgruine *Sommerau* oder das auf römischen Grundmauern errichtete *Schloss Maximin Grünhaus* bei *Mertesdorf*. Nach dem „Kilometerfressen" schmeckt ein Glas Ruwer-Riesling in der *Weinmanufaktur Kasel (Sa 9–12 Uhr und nach Vereinbarung | Schulstr. 1 | weinmanufaktur-kasel.de)*, der kleinsten Winzergenossenschaft Deutschlands. *🕮 E12*

FREIZEITSEE TRIOLAGO

18 km/18 Min. Autofahrt von Trier

Schwimmen im Baggersee, Tretbootfahren, Wakeboarding, Wasserskiseilbahn, Segwayparcours, Fußballgolf und eine schnelle Rodelbahn: jede Menge Freizeitspaß (nicht nur) für Kinder, Jugendliche – und Eltern. Die 1170 m lange Rodelbahn am Steilhang, die rasante Abfahrten im Bob garantiert, ist bei jedem Wetter in Betrieb. Das großzügige Freizeitparadies wurde an Baggerseen zwischen Weinbergen und Mosel angelegt. *Unterschiedliche Öffnungszeiten und Preise, Infos bei: Rodelbahn Triolago | Talstation 1 | Riol | Tel. 06502 9 35 34 54 | triolago.eu | 🕮 E12*

HERMESKEIL

40 km/35 Min. Autofahrt von Trier

Rund 5600 Menschen leben in der Hochwaldgemeinde Hermeskeil, gut 30 km südöstlich von Trier. Die Stadt an sich ist keine Reise wert, wohl aber die private 👪 *Flugzeugausstellung (flugausstellung.de)* im Ortsteil Abtei. Hier gibt es spektakuläre Exponate wie den Nachbau einer Concorde, der auch das Museumscafé beherbergt.

Im Ortsteil *Neuhütten* führen Christine Detemple-Schäfer und Oliver Schäfer das ausgezeichnete *Le Temple (Mi geschl. | Tel. 06503 76 69 | le-temple.de | €€€)*. Gäste haben die Wahl zwischen einem exquisiten Fünf- und Sieben-Gänge-Menü. Angeschlossen ist auch ein Bistro. *🕮 G12*

Über 100 Flugzeuge und Hubschrauber sind in der Flugausstellung Hermeskeil zu sehen

GREVENMACHER

20 km/25 Min. Autofahrt von Trier

Sehenswert in dem gemütlichen Städtchen (4500 Ew.) ist der ★ ☂ *Jardin des Papillons* oder *Päiperleksgaart (April–15. Okt. tgl. 9.30–17 Uhr | Eintritt 8 Euro | Route de Trèves | papillons.lu | 1 Std.)*, wie der mit mehr als 50 tropischen Schmetterlingsarten bestückte, 600 m² große Glashaus-Tierpark auf Lëtzebuergesch heißt. Mit 70 Prozent Luftfeuchtigkeit und konstanten 27 Grad besistzt er ein prima Kunstklima, das auch Zweibeiner genießen. Weniger tropisch geht es in der berühmten *Kellerei Bernard-Massard (April–Okt. tgl. 10–18 Uhr | 22, route du vin | Tel. 00352 7505451 | bernard-massard.lu)* zu, die über die Besonderheit luxemburgischer Weine informiert. D15

TAWERN

20 km/20 Min. Autofahrt von Trier

Eine Raststätte von anno dazumal? Vor 2000 Jahren gab es hier an der einstigen Römerstraße von Metz nach Trier eine Römersiedlung. Funde von Münzen und Krügen lassen darauf schließen, dass eine *taberna* ihr Ursprung war, eine Raststätte. Auf dem *Metzberg* wurde ein heiliger Bezirk mit vier Tempeln ausgegraben. Geweiht war er Merkur, dem Gott der Kaufleute, Reisenden und Diebe. Die antiken Reisenden sahen von hier aus ihr Ziel –

die Kaiserstadt Augusta Treverorum – zum ersten Mal. Aus Dankbarkeit ließen sie Opfergaben da. Der Tempelbezirk ist ganzjährig frei zugänglich und ab Ortsmitte Tawerns (2500 Ew.) ausgeschildert – zu Fuß sind es rund 800 m. *D14*

NITTEL

25 km / 25 Min. Autofahrt von Trier

Der charmante 2200-Ew.-Ort mit vielen auf die Rebsorte Elbling spezialisierten Winzerhöfen geht auf eine Steinzeitsiedlung zurück. Die geschützte Lage in einer Moselschleife zu Füßen von Kalksteinfelsen sorgt für mildes Klima. Der über 15 km lange *Nitteler Felsenpfad* führt über steile Dolomit- und Kalksteinfelsen mit spektakulären Ausblicken ins Moseltal bis nach Luxemburg hinein und vorbei an Skulpturen, die im Rahmen eines Bildhauersymposiums entstanden. Im Frühling blühen kleine Orchideen am Wegesrand. *D15*

MANNEBACH

20 km / 20 Min. Autofahrt von Trier

Wer gern Käse mag, sollte unbedingt einen Abstecher ins Saargaudorf Mannebach (360 Ew.) unternehmen. Der selbst hergestellte Rohmilchkäse von der *Mannebacher Käserei (Hofladen Do/Fr 14–19, Sa 10–16 Uhr | Tel. 06581 2376)*

INSIDER-TIPP
Köstlicher Käse

Immer noch ein Ort der Einkehr: der idyllische Tempelbezirk auf dem Metzberg bei Tawern

auf dem Riedhof ist vom Feinsten. Wie er so lecker wird, erklärt Familie Büdinger gern. Am besten packst du gleich eine Ration in den Rucksack, wenn du dich zum Wandern auf der *Traumschleife Mannebach* aufmachst. Der 12 km lange Rundweg durch das Mannebachtal führt durch Buchen- und Nadelholzwald und über Streuobstwiesen.

Bier statt Wein? Das *Mannebacher Brauhaus (Hauptstr. 1 | Tel. 06581 9 92 77 | mannebacher.de | €)* in der Dorfmitte ist ein uriges Gasthaus mit schattigem Biergarten und brauereieigenem Landhotel, das von Braumeister Hans-Günter Felten geführt wird. *D15*

SAARBURG ★

25 km / 25 Min. Autofahrt von Trier

In dem 1000 Jahre alten Städtchen (6800 Ew.) stürzt ein knapp 20 m hoher Wasserfall in die Tiefe: Mitten in der Altstadt rauscht der Leukbach der Saar entgegen. Das Rauschen kann man auch in einem der vielen Straßencafés rund um den Marktplatz mit seinen Fachwerkhäusern und Barockbauten hören. Im Mittelalter wurde der Leukbach als Löschwasserreservoir in die Stadtmitte umgeleitet. Noch heute treibt er die Räder der *Hackenberger Mühle (April–Okt. Di–So 14–17 Uhr | Eintritt 2 Euro | 45 Min.)* an, die inzwischen ein Museum ist.

Aus der Kurfürstlichen Mühle direkt am Wasserfall wurde das *Amüseum (So–Fr 11–16 Uhr | Eintritt 3 Euro | Am Markt 29 | 1–2 Std.)* – ein Stadtmuseum, in dem traditionelle Handwerksberufe vorgestellt werden.

In der privaten *Glockengießerei Mabilon (Mo–Fr 9–17, Sa/So 11–17 Uhr | Eintritt 4 Euro | Staden 130 | museum-glockengiesserei-mabilon.de | 1 Std.)* entstanden bis 2002 klingende Kunstwerke. Seitdem kann man in der historischen Manufaktur das Handwerk des Glockengießens und seine Geschichte kennenlernen, außerdem gibt es wechselnde Ausstellungen mit zeitgenössischer Kunst und abends Konzerte, Filmvorführungen usw.

Das namensgebende Bauwerk der Stadt ist die 963 erbaute *Burg* auf einer steilen Bergkuppe über der Saar. Sie gilt als eine der schönsten Höhenburgen in Deutschlands Westen und war einst das wichtigste Bollwerk der Trierer Herrscher. In der Mitte des 18. Jhs. begann sie zu verfallen und wurde als Steinbruch genutzt. Erst Ende des 19. Jhs. wurden die Reste gesichert. Vom Aussichtsplateau der wuchtigen Ruine, zu dem du mehr als 100 Stufen hinaufsteigen musst, liegt dir die Stadt zu Füßen.

Zur Burg und zur Altstadt hinüberschauen kannst du vom Stadtteil Beurig aus. Die „Skyline inklusive Burg" sieht man am besten vom Stadtteil Beurig aus. Hier, direkt am Ufer der Saar, liegt die *Villa Keller (Brückenstr. 1 | Tel. 06581 9 29 10 | villa-keller.de)*. Das historische Herrenhaus beherbergt ein Hotel mit einem gehobenen Restaurant (€€), einer bodenständigen Wirtsstube und einem Biergarten.

4 km südlich, im 1600-Ew.-Dorf *Serrig*, produziert das *Hofgut Serrig (Mo geschl | Domänensiedlung | hofgut-serrig.de)* als Integrationsbetrieb von Menschen mit Behinderungen

landwirtschaftliche und kunsthandwerkliche Erzeugnisse, die im eigenen Hofladen vermarktet werden. Im Ort ist das rustikale *Gasthaus Wagner (Di–Do geschl. | Losheimer Str. 3 | Tel. 06581 22 77 | wierwisch.de | €€)* eine hervorragende Adresse für Fans herzhafter und frischer Landhausküche mit vielen Produkten aus dem eigenen Garten oder den Wäldern und Bächen vor der Tür. *E15*

KASTEL-STAADT

30 km / 35 Min. Autofahrt von Trier

Dieses Dorf (400 Ew.) bei Saarburg liegt auf einem Felssporn aus rotem Sandstein hoch über der Saar. Schon der Keltenstamm der Treverer war von der einzigartigen Lage angetan und siedelte hier. Die Römer taten es ihnen gleich und errichteten ein *Kastell* samt *Theater*, dessen Ruinen man heute noch sehen kann. Um 1600 ließen sich hier Eremiten nieder. Sie bauten ihre *Klause* direkt in die senkrecht zur Saar hin abfallenden Felsen. Für den berühmten Architekten Karl Friedrich Schinkel war das im 19. Jh. buchstäblich eine Steilvorlage: Im Auftrag von Friedrich Wilhelm IV. machte er daraus eine neoromantische *Grabkapelle* für König Johann von Böhmen. Der Aussichtspunkt *Elisensitz* war der Lieblingsplatz von Kronprinzessin Elisabeth von Bayern. Von hier geht der Blick weit in den hügeligen, grünen Saargau. *E15*

SCHLOSS THORN

40 km / 35 Min. Autofahrt von Trier

Schön ist es, ein gutes Glas Wein im edlen Ambiente des ältesten Schlossweinguts an der Mosel in der *Vinaria (April–Okt. Mo–Fr 9–11 u. 14–18, Sa/So 14–18 Uhr, Nov.–März n. V. | Tel. 06583 4 33 | schloss-thorn.de | €)* zu genießen. Bereits seit 1534 wurde es von den Baronen von Hobe-Gelting geführt. Den Ort selbst schätzten schon die Römer, denn er eignete sich als Furt über den Fluss. Und so verbindet die heutige Schlossanlage verschiedene Baustile vom Mittelalter bis zum Empire, umgeben von fruchtbaren Weingärten. *D16*

PERL-NENNIG

40 km / 40 Min. Autofahrt von Trier

Quasi auf der Sonnenseite des Lebens bzw. im Westen des Naturparks Saar-Hunsrück liegt diese Gemeinde (7500 Ew.) inmitten von sanft geschwungenen Hügeln. Der Barockgarten in Perl, der Renaissancegarten im Ortsteil Nennig und der römische Garten der Villa Borg gehören zu den *Jardins sans limites,* den Gärten ohne Grenzen, insgesamt 24 im Dreiländereck. Die *Villa Borg (April–Okt. Di–So 10–18, Feb./März, Nov. 11–16 Uhr | Eintritt 6 Euro | Im Meeswald 1 | villa-borg.de | 1,5 Std.)* ist ein originalgetreu rekonstruiertes römisches Landhaus *(villa rustica)* mit Badeanlagen und *Taverne* (€€), wo du Delikatessen nach antiken römischen Rezepten genießen kannst, z. B. *agnus tarpeianus,* Lamm mit Zwiebeln und Pinienkernen.

INSIDER-TIPP
Speisen wie Titus

Auf einem Hügel über Nennig steht das *Schloss Berg*. Die aus zwei Wasserburgen bestehende Anlage ist eine der Topadressen für Gourmets: Hier

Steinchen für Steinchen faszinierend: römisches Gladiatorenmosaik in der Villa Borg

kocht der mit drei Michelinsternen gekrönte Christian Bau in *Victor's Residenz Hotel (Schloßstr. 27–29 | Tel. 06866 7 90 | victors.de | €€€)*. Mit sehr viel Glück erspielst du im benachbarten *Kasino (tgl. 11–3 Uhr)* das notwendige Kleingeld für das Abendessen.

Auf der luxemburgischen Moselseite liegt das Städtchen *Schengen*, das dem bekannten europäischen Abkommen seinen Namen gab.

Im lothringischen *Département Moselle* gleich nebenan steht das *Château Malbrouck (April–Juni u. Sept.–Nov. Di–Fr 10–17, Sa/So 10–18, Juli/Aug. Di–Fr, So 10–18 Uhr | Eintritt 5 Euro | Mandern* *🕮 E17* *| chateau-malbrouck.com | ⏲ 1–2 Std.)*. Mit seinen wechselnden Ausstellungen ist es ein Anziehungspunkt nicht nur für Kunstliebhaber. *🕮 D16*

MONDORF-LES-BAINS

50 km/45 Min. Autofahrt von Trier

Munneréf, Bad Mondorf, Mondorf-les-Bains: Der auf keltische Wurzeln zurückgehende luxemburgische Kurort (4000 Ew.) liegt mitten im Dreiländereck Deutschland, Luxemburg und Frankreich. Daher ging es hier früher durchaus kriegerisch zu. Heute ist er mit seinen Jugendstilbauten und der 25 Grad warmen Thermalquelle ein ausgesprochen entspannter Ort, an dem man sich in den *Thermen (Domaine Thermal de Mondorf | Avenue des Bains | Tel. 00352 23 66 60 | mondorf.lu)* nach allen Regeln der Wellnesskunst verwöhnen lassen kann. Außerdem gibt es einen botanischen Garten, einen Skulpturengarten und einen Ausstellungspavillon für Kunst. *🕮 D16–17*

ERLEBNIS TOUREN

Lust, die Besonderheiten der Region zu entdecken? Dann sind die Erlebnistouren genau das Richtige für dich! Ganz einfach wird es mit der MARCO POLO Touren-App: Die Tour über den QR-Code aufs Smartphone laden – und auch offline die perfekte Orientierung haben.

1 AUF DREI-LÄNDER-RALLYE

- Durch den Moselcanyon aus uralten Weinbergterrassen cruisen
- Das Bilderbuchdorf der Mosel besuchen: Beilstein
- Auf den steilsten Weinberg Europas kraxeln

Koblenz – Archäologiepark Villa Borg

310 km – 3 Tage, reine Fahrzeit 8,5 Stunden

Die zwei- bis dreistündige Wanderung auf dem Calmont-Klettersteig eignet sich nur für trittsichere und schwindelfreie Wanderer.
Personalausweis mitnehmen. Der Zoll kontrolliert gelegentlich bei der Einreise von Luxemburg aus

Schmiegt sich ins Moseltal: Bernkastel-Kues

AUF MOSELSCHLEIFENTOUR ZWISCHEN KOBLENZ UND ZELL

Am Deutschen Eck in ❶ **Koblenz ➤ S. 44**, wo Mosel und Rhein unter dem Reiterstandbild von Kaiser Wilhelm zusammenfließen, lohnt sogleich eine Fahrt mit der Seilbahn vom Konrad-Adenauer-Ufer über den Rhein zur Festung Ehrenbreitstein. *Danach geht es vom Peter-Altmeier-Ufer moselaufwärts und auf der B 49 bis zur Metternicher Moselbrücke, dann weiter auf der B 416 in Richtung Cochem.* Sobald du die letzten Häuser von Koblenz hinter dir gelassen hast, zieht dich die Mosel sofort in ihren Bann: Der Fluss auf der einen, steile Hänge mit Weinbergen auf der anderen Seite. So türmen sich bei Winningen ➤ S. 67 jahrhundertealte Weinbergterrassen hinauf bis zur Moselhöhe. Über Kobern-Gondorf ➤ S. 67 und Treis-Karden ➤ S. 63 erreichst du dann ❷ **Cochem ➤ S. 58**, überragt von der märchenhaften Reichsburg. Nach dem Aufstieg zur Burg warten im **Ristorante da Vinci** Pizza und Pasta – es gibt ja später noch genug Moseltypisches auf dieser Reise!

Raus aus der Stadt geht es über die Moselbrücke nach Cond und dann moselaufwärts auf der L 98 über Valwig

TAG 1

❶ **Koblenz**
55,5 km 40 Min.

❷ **Cochem**
11 km 15 Min.

❸ Beilstein	
14 km	15 Min.
❹ Calmont	
11 km	13 Min.
❺ Marienburg	
22,5 km	22 Min.
❻ Traben-Trarbach	
TAG 2	
25 km	30 Min.
❼ Bernkastel-Kues	
18 km	20 Min.
❽ Piesport	
12 km	15 Min.
❾ Sektgut St. Laurentius	
15 km	21 Min.

und Bruttig-Fankel zum „Dornröschen der Mosel": ❸ **Beilstein** ➤ S. 69. Den schönsten Blick auf das Ensemble aus Kloster, Burgruine Metternich, Fluss und Fachwerkörtchen hat, wer dem Moselsteig hoch in die Weinberge folgt. *Weiter moselaufwärts führt die Tour bei Senheim wieder ans andere Moselufer* zum steilsten Weinberg der Welt. Die Felswand des ❹ **Calmont** ➤ S. 71 ragt zwischen Ediger-Eller und Bremm scheinbar direkt aus dem Fluss fast senkrecht auf. Trittfeste und schwindelfreie Wanderer vertreten sich auf dem **Klettersteig** die Beine, ein unvergessliches Erlebnis mit spektakulären Ausblicken.

INSIDER-TIPP
Best of Beilstein

Bei der Fahrt Richtung Zell ➤ S. 83 kreuzt hinter Alf eine Doppelstockbrücke den Weg: Oben fahren Züge, unten Autos und Radfahrer. Und um auch ganz nüchtern die Mosel doppelt zu sehen, *fahr bei Zell-Barl hoch zur* ❺ **Marienburg**. Dort fließt der Fluss dank einer 180-Grad-Schleife zu beiden Seiten. *Von Zell geht es auf der B 53* bis ins Jugendstilparadies ❻ **Traben-Trarbach** ➤ S. 81. *Durch das Brückentor gelangt man in den Stadtteil Traben* und checkt für die Nacht im **Jugendstilhotel Bellevue** *(An der Mosel 11 | Tel. 06541 70 30 | bellevue-hotel.de | €€€)* ein, einem der schönsten Hotels an der Mosel. Das Haus fasziniert mit vielen Details aus der Belle Époque. Vor dem Abendessen lockt die **Moseltherme** ➤ S. 82 mit 33 Grad warmem Heilwasser.

DOLCE VITA À LA MOSEL

Am nächsten Morgen *geht's moselaufwärts bis* ❼ **Bernkastel-Kues** ➤ S. 76, Zentrum der Mittelmosel mit einer Fachwerkaltstadt wie aus dem Bilderbuch. *Am anderen Moselufer geht es dann bis Minheim. Hier biegst du rechts ab auf die Moselhöhe* und genießt den grandiosen Blick auf ❽ **Piesport** ➤ S. 86. Im Ort lädt die Straußwirtschaft **Moselgarten** zur Mittagsrast ein. *Die B 53 führt weiter nach Neumagen-Dhron* ➤ S. 86, dem ältesten Weinort Deutschlands. *Im Nachbarort Leiwen* rüttelt Winzer Klaus Herres, einer der besten Sekterzeuger Deutschlands, im ❾ **Sektgut St. Laurentius**

(Di/Mi geschl. | Laurentiusstr. 4 | Tel. 06507 38 36 | st-laurentius-sekt.de) die Sektflaschen – Zuschauer sind willkommen. *Bei Thörnich geht es wieder ans andere Ufer und die B 53 flussaufwärts nach Mehring* ➤ S. 88. Dort gibt die römische ⑩ **Villa Rustica** Einblick in die luxuriöse Seite des Lebens der Antike.

⑩ Villa Rustica

20 km 25 Min.

Weiter geht's: *Beim Autobahndreieck Moseltal führt die A 602 nach* ⑪ **Trier ➤ S. 94**. Als Ausgangspunkt zur Erkundung der historischen Innenstadt bietet sich das **Ante Porta Hotel** *(Paulinstr. 66 | Tel. 0651 43 68 50 | hotel-anteporta.de | €–€€)* an. Von dort hast du die Qual

⑪ Trier

TAG 3

5 km | 10 Min.

⑫ Mariensäule

17 km | 20 Min.

⑬ Römische Tempelanlage

5,5 km | 5 Min.

⑭ Mannebach

8 km | 10 Min.

⑮ Nittel

18 km | 20 Min.

der Wahl – denn **Porta Nigra**, mittelalterlicher **Hauptmarkt**, **Dom St. Peter** und **Kaiserthermen** sowie die Einkaufsstraßen der City sind in nur wenigen Minuten zu Fuß erreichbar. Auftakt für den Abend in Deutschlands ältester Stadt ist ein Glas Wein in der modernen Weinbar **Weinsinnig** *(So/Mo geschl. | Palaststr. 12 | Tel. 0651 9790156 | weinsinnig.com | €)*. Edel speisen kann man danach im Gourmetrestaurant **Becker's ➤ S. 98** im Stadtteil Olewig.

GRENZÜBERSCHREITENDER GENUSS

Besser als mit einem Ausblick auf Trier von der ⑫ **Mariensäule ➤ S. 98** kann man den Tag an der Mosel kaum starten. *Zurück im Tal, führt die B 49 am anderen Moselufer Richtung Saarburg.* Nahe Konz, wo die Saar in die Mosel mündet, *liegt bei Tawern* ➤ S. 105 im Wald eine rekonstruierte ⑬ **Römische Tempelanlage** versteckt. Im Nachbarort ⑭ **Mannebach ➤ S. 106** deckst du dich im **Brauhaus** und bei einem **Käseerzeuger** mit Proviant ein. An Streuobstwiesen vorbei kommst du nach ⑮ **Nittel ➤ S. 106**. Von den Dolomitfelsen über dem Ort bieten sich weite Ausblicke ins Moseltal bis nach Luxemburg – da schmeckt das Picknick gleich doppelt gut. Oder doch lieber im Ort in einem der vie-

In Schengen wurde Geschichte geschrieben: Stelen vor dem Europazentrum

len guten Restaurants und Weinstuben? Kugelrund gegessen *geht es von Nittel nach links auf die B 419 bis Nennig und über die Grenzbrücke nach* ⑯ **Remich**, dem luxemburgischen Pendant eines süßen Moselörtchens. *Die Nationalstraße 10 führt nach* **Schengen**, um dir im Zentrum deinen eigenen „Schengenpass" – inkl. Foto – als Souvenir abzuholen. Apropos: Vor dem ⑰ **Europazentrum** *(Rue Robert Goebbels)* stehen Pfeiler mit teils sehr witzigen Darstellungen aller Staaten, die das Schengener Abkommen unterzeichnet haben.

⑯ Remich
9 km 10 Min.

⑰ Europazentrum
4 km 8 Min.

Aber da fehlt doch noch ein Land? Genau, komplettiert wird die internationale Moseltour mit einem Abstecher *über die Mosel ins 4 km entfernte* ⑱ **Sierck-les-Bains** in Lothringen mit typisch französischem Flair. Regionale Erzeuger des Dreiländerecks bieten ihre Produkte im **Marché Mervin** *(30, Quai des Ducs de Lorraine | mervin.fr)* an. *Auf der D 654 Richtung Norden geht es über Apach und dann auf der B 419* ins saarländische **Perl** ➤ S. 108. Im ⑲ **Archäologiepark Villa Borg** kommt die Entspannung: ein Bad in einer rekonstruierten Römervilla und danach speisen wie die alten Römer.

⑱ Sierck-les-Bains
13 km 18 Min.

⑲ Archäologiepark Villa Borg

② AUF SCHRITT UND TRITT(ENHEIM)

- **Auf steilen Weinbergspfaden wandern**
- **Auf dem Felsensteig auf Kreuzvisionen warten**
- **Sich im Weingut Seminarshof mit moseltypischen Speisen stärken**

Start: Trittenheimer Brücke

Ziel: Trittenheimer Brücke

Strecke: 11 km

Dauer: 7 Stunden, reine Gehzeit 3,5 Stunden

Info: Achtung: Die Wanderung führt im ersten Abschnitt auf schmalen Pfaden durch steile Hänge mit kleinen Kletterpassagen, zum Teil über loses Schiefergestein. An heißen Tagen möglichst früh starten!

❶ Trittenheimer Brücke

1 km 30 Min.

❷ Römergrab

1 km 25 Min.

❸ Schieferhöhlen

0,5 km 10 Min.

❹ Rast- und Aussichtspunkt

2,5 km 40 Min.

AUF ALTEN RÖMERPFADEN

Am Parkplatz unter der ❶ **Trittenheimer Brücke** in Trittenheim ➤ S. 87 schnürst du die Wanderschuhe und *überquerst den Fluss* mit Blick auf das einzige erhaltene Fährturmpaar der Mosel. *Über eine kleine Treppe geht's direkt hinein in die Weinlage „Apotheke" immer dem Hinweis „Moselsteig-Zuweg" folgend,* der über 115 Treppenstufen und einen schmalen Pfad zum Fährfelsplateau führt. Zwischen den mehr als 110 Jahre alten Reben sonnen sich Eidechsen auf dem warmen Schiefer. Auf dem steilen Weinbergspfad und *über eine weitere Treppe erreichst du einen Weg, dem du nach links bis zu einer Gabelung folgst. Etwa 200 m danach* findet sich ein ❷ **Römergrab** mit zwei Steinsarkophagen aus dem 4. Jh. Die Römer hatten ein Faible dafür, ihren Toten auch aus dem Jenseits einen schönen Ausblick zu bieten; solche Gräber wurden an einigen Stellen im Moseltal entdeckt. *Zurück an der Gabelung folgst du links dem Weg (Schild „Römersteig") hoch* bis zum Wald. Dort führen Stufen zur Konstantinshöhe hinauf. *An der nächsten Weggabelung weist ein Schild nach links zu den* ❸ **Schieferhöhlen**. Das Gestein wurde früher als Baumaterial gebrochen. Heute nutzen Fledermäuse die Stollen als Höhle. *Etwas weiter beginnt der Felsensteig,* der abwechslungsreich und gut zu bewältigen ist. *Der Pfad endet an einem* ❹ **Rast- und Aussichtspunkt**, mit 298 m dem höchsten Punkt der Tour. Kaiser Konstantin, so die Legende, hatte hier eine Kreuzvision. Wer weiß, vielleicht geht es dir während deines Picknicks ja genauso?

DURCH EICHENWÄLDER IN DEN ÄLTESTEN WEINORT DEUTSCHLANDS

Die Route führt danach *nach links auf einen Wirtschaftsweg etwa 300 m zwischen Wiesen und Feldern hin-*

So manch lauschiges Plätzchen wartet in Neumagen, dem ältesten Weinort Deutschlands

durch bis zu einer Solaranlage, wo links ein Weg abbiegt. Er bietet schöne Ausblicke, bevor es abwärts durch einen Wald mit vereinzelten mächtigen Eichen geht. *An der nächsten Gabelung hältst du dich links und nimmst nach 100 m den rechten Abzweig,* der zwischen Wildkirschen, Robinien und Hainbuchen steil nach unten führt. *Der Waldweg mündet auf einen Wirtschaftsweg oberhalb der* **5 Märtyrerkapelle**. Anfang des 4. Jhs. soll durch die Ermordung Tausender Christen in Trier die Mosel bis hierher vom Blut rot gefärbt gewesen sein.

5 Märtyrerkapelle
1 km 25 Min.

Unten angekommen *führt rechts ein asphaltierter Weg nach* **6 Neumagen** **➤ S. 86**. Auf dem **archäologischen Rundweg** dort ist der älteste Weinort Deutschlands zu entdecken: vom Römerweinschiff bis zu Reliefs mit Schul-, Friseur- und anderen Szenen des römischen Alltags. Und natürlich obligatorisch: die hübschen Fachwerkhäuser und schmale Gässchen. *Aus der Ortsmitte von Neumagen trittst du dann den Rückweg Richtung Märtyrerkapelle an und folgst geradeaus*

6 Neumagen
4,5 km 2 Std.

1 Trittenheimer Brücke

dem Radweg zwischen Weinbergen und Landstraße bis zur 1 Trittenheimer Brücke. Der perfekte Ausklang des Wandertags? Im Weingarten oder der Gutsschänke des Weinguts Seminarshof ca. 200 m oberhalb der Brücke bei moselländischen Speisen und einem Glas Wein im Weingarten oder der Gutsschänke des Weinguts Seminarshof *(Di geschl. | Moselweinstr. 40 | Tel. 06507 55 84 | seminarshof.de | €-€€)*.

3 MOSEL-SEITENSPRUNG MIT PADDEL UND PEDAL

- Mit dem Fahrrad die höchste Staustufe Deutschlands erkunden
- In Schroden vom Pedal zum Paddel wechseln
- Das Naturschutzgebiet Wiltinger Saarbogen durchpaddeln

Start: Saarburg

Ziel: Saarburg

35,5 km (davon ca. 10,5 km Kanu)

1 Tag, reine Fahrzeit 5 Stunden

Radverleih in Saarburg: *Saarbike Store | Mo-Fr 10-18 Uhr | Trierer Str. 9 | Tel. 06 581 9 98 1 1 14*
Bootsverleih in Schoden: *Kanu Saarfari | Tel. 0152 34 003 462*
Die ca. dreistündige Kanutour (Kanu vorab reservieren!) ist auch für Ungeübte geeignet; Schwimmweste tragen ist Pflicht; Kanuwagen wird mitgeführt; Handy, Kamera etc. wasserdicht verpacken.

1 Saarburg
7,5 km 40 Min.

TAUSCHE FAHRRAD GEGEN KANU

Startpunkt der Tour ist 1 Saarburg ➤ S. 107 mit seiner malerischen Innenstadt und dem 20 m hohen Wasserfall des Leukbachs. Auf dem Schlossberg thront die Saarburg aus dem 10. Jh. *Von der Burg fährst du den Schlossberg hinunter bis zum Altstadttunnel, an dessen Ende es links zum Saarufer geht. Saaraufwärts folgst du dem Radweg etwa 5 km bis zur Schleuse bei Serrig. Dort überquerst du den Fluss über das Stauwehr.* An der ❷ **höchsten Staustufe** Deutschlands an einem natürlichen Flusslauf überwinden Schiffe einen Höhenunterschied von 14,5 m. Am anderen Ufer *geht's nach links auf den Radweg bis zum Ort Serrig,* der von Schloss Saarstein überragt wird. *Du überquerst die Bundesstraße und fährst in den Ort zur* Mittagspause im ❸ **Gasthaus Wagner** ➤ S. 108 mit toller Küche aus regionalen Produkten. Am Saarufer radelst du dann *über Saarburg nach Schoden,* wo du am ❹ **Wassersportzentrum** von den Pedalen zum Paddel wechselst und dir ein Kanadierkanu für bis zu vier Personen leihst.

Zu Fuß, das Boot auf einem kleinen Kanuwagen im Schlepptau, *sind es auf dem Radweg einige Hundert Meter bis zum Einstieg* in den Altarm der Saar, der im Naturschutzgebiet liegt. Erst säumen das linke Flussufer steile Weinberge, später sind beide Ufer mit Bäumen, Büschen und Röhricht bewachsen. Bei sehr niedrigem Wasserstand musst du kräftig paddeln. Bei höherem Wasserstand sorgt die Strömung für Vorwärtsbewegung, und es gilt, mit geschicktem Paddeleinsatz das Boot zu steuern. *Nach etwa 30 Minuten rückt die Wiltinger Brücke näher, die du am besten auf der rechten Seite des Flusses unterquerst, um dann gleich nach links zu steuern.* Nun kommt der ❺ **Wiltinger Saarbogen**. Kormorane starten von den Bäumen am Ufer zum Fischzug, Haubentaucher stecken die Köpfe ins Wasser. Ein Graureiher steht regungslos im Flachwasser, während du mit dem Kanu wenige Meter entfernt vorbeigleitest. Auf dem Wasser treiben Seerosenfelder. Das Naturschutzgebiet ist Lebensraum für Eisvögel, Fledermäuse, Frösche und Libellen.

INSIDER-TIPP
Amazonas des Mosellands

❷ Höchste Staustufe
2 km 10 Min.

❸ Gasthaus Wagner
8,5 km 30 Min.

❹ Wassersportzentrum
5 km 30 Min.

❺ Wiltinger Saarbogen
4,5 km 30 Min.

❻ Schleuse
8 km 1 Std.

❶ Saarburg

AUF DEM SAARKANAL FLUSSAUFWÄRTS

Nach dem Saarbogen ragt rechts ein hoher Hang auf, der Kanzemer Altenberg. Kurz vor der Kanzemer Brücke, die jetzt in Sicht kommt, liegt rechts ein Park mit hohen Bäumen. Er gehört zum *Weingut von Othegraven (Weinproben Mo–Fr 8.30–16.30 Uhr | Weinstr. 1 | Kanzem)*, das Günther Jauch gehört. Vom Fluss sind wegen der dichten Sträucher und Bäume aber weder Anwesen noch Besitzer zu erspähen. *Die Brücke passierst du auf der linken Flusshälfte und paddelst durch Stromschnellen. Etwa 750 m flussabwärts vom Ort Kanzem steuerst du die Ausstiegsrampe am linken Saarufer an.* Hier lässt sich zum Verschnaufen das Kanu aus dem Wasser und auf dem Kanuwagen hoch zur ❻ **Schleuse** ziehen. *Die etwa 2,5 km lange Rückfahrt führt auf dem Saarkanal flussaufwärts nach Schoden.* Am Wassersportzentrum steigst du zurück auf den Sattel deines Fahrrads und radelst etwa 5 km zum Ausgangspunkt ❶ **Saarburg**, wo zum Tagesausklang ein Abendessen im **Saarburger Hof** *(Mo/Di geschl. | Graf-Siegfried-Str. 37 | Tel. 06851 9 28 00 | saarburger-hof.de | €€)* genau das Richtige ist.

Start- und Endpunkt Saarburg: beliebt bei Radfahrern und Wassersportlern

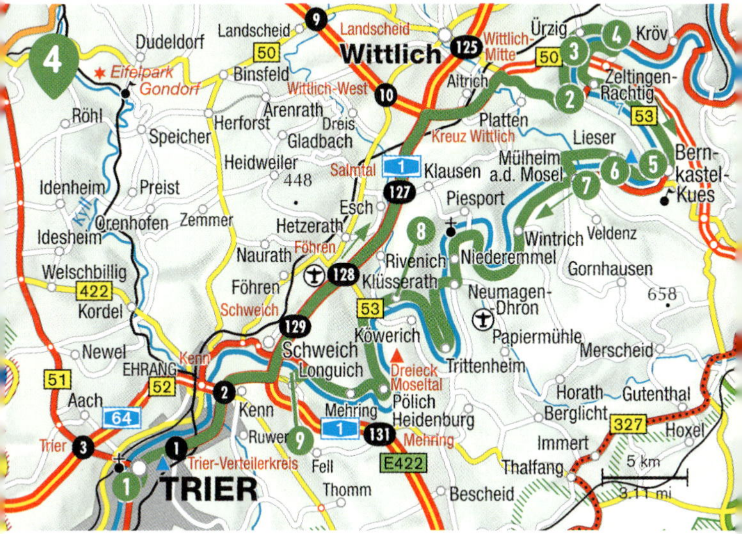

4 VON WEINGUT ZU WEINGUT AN DER OBERMOSEL

- Den ältesten Weinkeller Deutschlands besuchen
- Architektonische Kontraste in Ürzig bestaunen
- In preisgekrönten, modernen Winzerhäuschen übernachten

Weingut der Vereinigten Hospitien	Weinkulturgut Longen-Schlöder
110 km	1 Tag, reine Fahrzeit 2 Stunden

Eine schöne Tour – besonders, wenn man einen Fahrer hat, der freiwillig auf die Weinproben verzichtet

AUF DEN SPUREN DES WEINBAUS

Im Keller eines Altenheims beginnt diese Tour. Stopp, nicht weiterblättern! So verstaubt ist der älteste Weinkeller Deutschlands im **1 Weingut der Vereinigten**

1 Weingut der Vereinigten Hospitien

43,5 km 40 Min.

Hospitien *(Mo–Do 8–12.30 u. 13.30–17, Fr 8–12.30 u. 13.30–16 Uhr | Krahnenufer 19 | Tel. 0651 945 12 10 | weingut.vereinigtehospitien.de)* in **Trier ➤ S. 94** nicht. Die Hospitien wurden 1804/05 auf Anweisung von Napoleon als Stiftung geschaffen und befinden sich auf dem Gelände an der Mosel, wo in römischer Zeit ein Hafen war. Im Keller des barocken Gebäudes sind der römische Ziegelboden sowie das bis zu 8 m hohe Mauerwerk eines römischen Hafenlagerhauses aus dem Jahr 330 erhalten. Ein besonderes Erlebnis ist es, wenn das Kellergewölbe bei einer Weinprobe von Kerzenlicht erhellt wird. *Anschließend führt die Fahrt Richtung Norden aus Trier über die Autobahn bis Wittlich und die B 50 an die Mittelmosel zum* **❷ Kloster Machern ➤ S. 79** mit seinem wunderschönen Saal aus der Barockzeit.

❷ Kloster Machern
2,5 km 15 Min.

Etwas weiter, am Ortseingang von **❸ Ürzig ➤ S. 80**, bietet sich ein Kontrast zu der historischen Architektur des hübschen Fachwerkorts. Die **Rieslingmanufaktur Rebenhof** *(Mi geschl. | 06532 45 46 | rebenhof-schmitz.de)* steht im nüchternen Baustil des frühen 21. Jhs. an der Stelle, wo sich in der Antike eine römische Weinkelter befand. Von der **Weinbar** blickt man auf die Reihen der Edelstahltanks, in denen der Riesling aus der Lage „Ürziger Würzgarten" vergoren wird. Für die Mittagsrast empfiehlt sich das benachbarte Restaurant **Moselschild ➤ S. 80**. Am anderen Ende des Orts zieht die markante Fassade des mittelalterlichen Mönchshofs die Blicke auf sich, während *nur 1 km moselabwärts* wieder ein Abstecher in die Antike angesagt ist. Die **❹ Erdener Römerkelter** stammt aus dem 3. Jh.

❸ Ürzig
2,5 km 5 Min.

❹ Erdener Römerkelter
13,5 km 15 Min.

TRADITION TRIFFT MODERNE

200 m moselabwärts fährst du über die Brücke und am anderen Ufer moselaufwärts über Zeltingen nach **❺ Bernkastel-Kues ➤ S. 76**, wo viele prächtige Villen aus Schieferbruchsteinen stehen, gebaut im späten 19. Jh., der ersten Blütezeit des Moselweins. Ein Besuch des **Weinguts Witwe Dr. H. Thanisch** *(Mo–Fr 7.30–16.30 Uhr, Sa/So nach Vereinbarung | Saarallee 31 | Tel. 06531 22 82 | dr-thanisch.de)* lohnt schon wegen sei-

❺ Bernkastel-Kues
4,5 km 10 Min.

nes schönen Parks. Auch das Schloss in 6 Lieser ➤ S. 84 stammt aus dem 19. Jh. *Im gegenüberliegenden Mülheim* demonstriert das 7 Hotel Richtershof *(Hauptstr. 81 | Tel. 06534 94 80 | weinromantikhotel.com | €€€)* eine gelungene Kombination aus historischer Bausubstanz und modernen Elementen: Ein Glasbaldachin verbindet die alten Kellereigebäude miteinander. Der schöne Garten ist perfekt für eine Kaffeepause.

6 Lieser
2 km 5 Min.
7 Hotel Richtershof
26 km 25 Min.
8 Weingut F. J. Regnery
14,5 km 15 Min.
9 Weinkulturgut Longen-Schlöder

ENTSCHLEUNIGUNG NAHE LUXEMBURGS GRENZE

Auf der B 53 fährst du von Mülheim aus moselaufwärts bis nach Klüsserath ➤ S. 88. In fast allen Moselorten entlang der Strecke gibt es neben historischen Bauten auch moderne Vinotheken. Besonders sehenswert ist die vom 8 Weingut F. J. Regnery *(nach Vereinbarung | Mittelstr. 39 | Klüsserath | Tel. 06507 46 36 | weingut-regnery.de)*. Inmitten der schlichten Einfamilienhäuser entdeckst du die Vinothek, ein an der Mosel einzigartiges, ovales Objekt, verkleidet mit senkrecht nebeneinander angebrachten Eichenholzstreben. *Einige Kilometer flussaufwärts* geht die Tour ihrem Ende entgegen. *Zwischen Mehring und Schweich verlässt du die B 53 und fährst über die Brücke nach Longuich.* Die letzte Station ist das 9 Weinkulturgut Longen-Schlöder ➤ S. 89. Wie gut, dass man in den modernen Winzerhäuschen aus den moselländischen Baumaterialien Schiefer und Eichenholz auch übernachten kann. Entworfen wurden sie vom Mailänder Stararchitekten Matteo Thun und mit dem „Architekturpreis Wein" ausgezeichnet. So kannst du den Tag sorgenfrei bei einem Glas guten Weins ausklingen lassen.

INSIDER-TIPP
„Ausgezeichnet" übernachten

Gemütliche Gasse in Bernkastel-Kues

GUT ZU WISSEN

DIE BASICS FÜR DEINEN URLAUB

ANKOMMEN

ANREISE

Wer mit der *Bahn* nach Trier oder zu Orten wie Cochem, Bullay oder Wittlich will, muss meist in Koblenz umsteigen. Eine Bahnfahrt über die Eifelstrecke von Köln nach Trier ist landschaftlich reizvoll, aber verlangt viel Geduld, da der Zug an gefühlt jeder Milchkanne hält.

Koblenz und Trier sind auch an das *Fernbusnetz* angeschlossen und können mit verschiedenen Anbietern von ganz Deutschland und dem benachbarten Ausland aus erreicht werden. Täglich mehrmals fährt ein Bus von Luxemburg über Trier zum Flughafen Hahn im Hunsrück und weiter nach Frankfurt. Bernkastel-Kues, Traben-Trarbach, Zell und Cochem sind über Zubringerdienste zum Flughafen Hahn an das Fernbusnetz angebunden.

Mit dem *Auto* kommt man von Norden, Osten und Süden über die A 61 und dann über die A 1/A 48 ins Moselland. Aus Süden kommende Autofahrer sollten bei Rheinböllen von der A 61 abfahren. Von dort aus geht es über die B 50 weiter. Von Norden Kommende nehmen die Abfahrt Mendig und gelangen über die B 262 auf die A 1, die bis Trier parallel zum Moseltal verläuft. Von Westen aus wechselt man von der A 60 am Autobahndreieck Wittlich auf die A 1.

Die nächstgelegenen *Flughäfen* mit innerdeutschen Verbindungen sind *Köln-Bonn* und *Saarbrücken,* die aber jeweils eine bis eineinhalb Stunden Fahrtzeit von der Mosel entfernt sind. Nur 30 km von Trier entfernt liegt der Flughafen *Luxemburg-Findel* mit Bahn- und Busanbindung nach Trier. Vom Hunsrück-Flughafen *Frankfurt-Hahn* ist man per Bus oder Taxi schnell an der Mittelmosel, allerdings werden

Entspannt: die Mosel per Fähre oder Ausflugsschiff erkunden

dort aktuell keine innerdeutschen Flüge angeboten.

WEITERKOMMEN

AUTO

Wer an der Mosel im Auto unterwegs ist, braucht vor allem eins: viel Geduld. Entlang der Uferstraßen und auf den wichtigsten Zubringern heißt es zu Stoßzeiten oft: Kolonne fahren. Wohl dem, der hier keinen LKW vor sich hat. Um vom einen Moselörtchen zum anderen zu kommen, kann der Weg über die Hunsrück- oder Eifelhöhen aufgrund der vielen Moselschleifen manchmal schneller sein als die Moselstraßen B 49 oder B 53. Das erfordert von Mitreisenden nicht selten einen robusten Magen, wenn es zuerst Kurve um Kurve hinauf- und dann wieder Kurve um Kurve hinabgeht. Wenn du in der Region Trier unterwegs bist, profitiert dein Budget von der Nähe Luxemburgs: Dort kostet ein Liter Diesel oder Benzin rund 20 Cent weniger als in Deutschland.

FÄHREN

Es gibt acht Fährverbindungen über die Mosel. Bei Klotten, Beilstein, Briedel, Pünderich und Oberbillig gelangt man auch mit dem Auto ans andere Ufer. In Bullay, Cochem und Enkirch darfst du höchstens dein Rad mitnehmen. Außer der Verbindung Oberbillig–Wasserbillig verkehren die Fähren allerdings nur in der Haupt- und nicht in der Nebensaison. Bei Hochwasser fährt keins der Schiffe. Die Fähre Enkirch–Kövenig z. B. kostet 1 Euro, Fahrrad ebenfalls 1 Euro, Kinder bis zehn Jahre in Begleitung setzen umsonst über.

GRÜN & FAIR REISEN

Du willst beim Reisen deine CO_2-Bilanz im Hinterkopf behalten? Dann kannst du deine Emissionen kompensieren *(atmosfair.de; myclimate.org)*, deine Route umweltgerecht planen *(routerank.com)* oder auf Natur und Kultur *(gate-tourismus.de)* achten. Mehr über ökologischen Tourismus erfährst du hier: *oete.de* (europaweit); *germanwatch.org* (weltweit).

ÖFFENTLICHE VERKEHRSMITTEL

In Trier und Koblenz fahren ausschließlich Busse, die Busverbindungen sind aber großstadtgemäß gut. Deutlich seltener fahren die Busse im ländlichen Bereich, etwa von den Orten an der Mosel in die Eifel und den Hunsrück. Sogenannte *Regio-Radler (regioradler.de)* verbinden jedoch bequem die Orte an den großen Radwegen wie dem Maare-Mosel-Radweg zwischen Daun und Bernkastel-Kues: Es sind Busse, die mit einem Anhänger ausgestattet sind, auf dem Fahrräder mitgenommen werden können.

Regionale Fahrpläne und Tickets gibt es beim *Verkehrsverbund Rhein-Mosel VRM (vrminfo.de)*, bei der *MB Moselbahn Verkehrsbetriebsgesellschaft mbH (moselbahn.de)*, beim *Verkehrsverbund Region Trier VRT (vrt-info.de)* und beim *Rheinland-Pfalz-Takt (der-takt.de)*.

Einen Schiffslinienverkehr bieten die *Personenschifffahrt Gebr. Kolb (Tel. 02673 566 66 | moselrundfahrten.de)* zwischen Treis-Karden und Trier sowie die *Mosel-Schiffs-Touristik Hans Michels (Tel. 06531 82 22 | mosel-personenschifffahrt.de)* zwischen Traben-Trarbach und Trittenheim an. Tägliche Schiffstouren zwischen Koblenz und Cochem veranstaltet die *Köln-Düsseldorfer Deutsche Rheinschifffahrt AG (Agentur Koblenz | Tel. 0261 310 30 | Agentur Cochem | Tel. 02671 98 00 23 | k-d.com)*.

IM URLAUB

AUSKUNFT

Mosellandtouristik GmbH

Kordelweg 1 | 54 470 Bernkastel-Kues | Tel. 06531 973 30 | mosellandtouristik.de

Dort wirst du auch telefonisch beraten, oder die Mitarbeiter leiten dich weiter an die Touristinformationen vor Ort.

Darüber hinaus geben verschiedene Internetportale Auskunft: Auf *die-mosel.de* findest du aktuelle Informationen zum Wetter im Moselland, Karten, Veranstaltungskalender, Tipps für Freizeitaktivitäten, ein Gastgeberverzeichnis und eine kleine Weinkunde. Mit dieser Website vergleichbar ist *mosel24.de*. Hier kannst du dir auch Bilder der Region anschauen. Das Portal *mosel.de* liefert zudem Restaurantkritiken und Rezepte. Ortsbeschreibungen, Gastgeberlisten und thematisch gegliederte Tourenvorschläge findest du unter *mosel-reisefuehrer.de*. Weinliebhaber werden bei *weinland-mosel.de* auf Straußwirtschaften, Weingüter und Events aufmerksam.

FESTE & EVENTS

RUND UMS JAHR

APRIL

Ostermarkt (Traben-Trarbach) mit Konzerten, gutem Essen und Jugendstilführungen

Schwarze-Katz-Festival (Zell): Fest im Ort und in den Weinbergen, *weinfest-zell-mosel.de*

MAI/JUNI

Ruwertaler Frühling (Ruwertal): Wandern und Weingenuss am Pfingstsonntag

Altstadtfest (Trier): Ende Juni

JULI

Mosel-Musikfestival (zwischen Schengen und Kobern-Gondorf) mit Klassikkonzerten bis in den Dezember, *moselmusikfestival.de*

Altstadtfest (Koblenz): Anfang Juli

Moselfest (Trier-Zurlauben) mit Feuerwerk, *zurlaubener-heimatfest.de*

Weinschifffest (Neumagen-Dhron)

Weltkulturfestival Horizonte (Koblenz, Foto) auf der Festung Ehrenbreitstein, *horizonte-festival.de*

AUGUST

Drachenbootrennen (Briedel): Großereignis auf dem Wasser

Burgfest (Cochem) auf der Reichsburg mit Gauklern und Mittelaltermarkt

Mosel-Ballonfiesta (Föhren): zweitgrößter deutscher Ballonfahrerwettbewerb, *moselballonfiesta.de*

Moselfest (Winningen): zehntägiges Weinfest, *winningen.de/moselfest.php*

SEPTEMBER

Weinfest der Mittelmosel (Bernkastel-Kues): das größte Weinfest der Region mit Kunsthandwerkermarkt und Feuerwerk, *bernkastel.de/veranstaltungen/weinfest-der-mittelmosel*

OKTOBER

Römisches Kelterfest (Piesport) mit römischem Festumzug und Uferpromenade als „via vinorum", *piesport.de*

Wein und Kellerfest (Perl): geöffnete Weinkeller, Ausstellungen, Livemusik

BADEN

Trotz ihres meist gemächlichen Fließtempos und ihres recht sauberen Wassers ist die Mosel zum Baden zu gefährlich. Strömungen – vor allem bedingt durch den Schiffsverkehr – können auch geübte Schwimmer unter die Wasseroberfläche ziehen.

WAS KOSTET WIE VIEL?

Freibad	ab 4 Euro *für eine Tageskarte*
Burgvisite	3–10 Euro *in einigen Burgen sogar kostenlos*
Souvenir	ab 10 Euro *für einen „Pörzjen", den traditionellen Apfelweinkrug*
Schiffstour	ab 10 Euro *für eine Mosel-Rundfahrt*
Schoppen	ab 5–6 Euro *für 0,25 Liter*
Brotzeit	7–8 Euro *z. B. für eine Portion Gerupfter*

CAMPING

Du bist Roadtrip-Fan und Campingfreund? Perfekt – fast jeder Ort an der Mittelmosel hat ufernahe Camping- und Stellplätze. Ob du dir nun einen herauspickst oder entlang der Moselschleifen einen Roadtrip mit mehreren Stationen planst, fest steht: An der Mosel schlägt das Camperherz höher! Es gibt aber auch Kurioses und Ungewöhnliches, wie das Übernachten in einem echten Weinfass beispielsweise auf dem Mosel Campingplatz in Traben-Trarbach. Das nennt sich dann Glamping (S. 89).

HANDY, INTERNET & WLAN

Wegen der besonderen Topografie des Mosellands mit steil eingeschnittenen Fluss- und Bachtälern musst du gerade außerhalb der größeren Städte stets damit rechnen, in ein ausgedehntes Funkloch zu geraten.
Das gilt auch für das mobile Datennetz, das – unabhängig von der Topografie – im ländlichen Raum auch vielerorts zu wünschen übriglässt. Wer auf Nummer sicher gehen will und für Wanderungen eine Navigationsapp benutzen möchte, lädt sich am besten vorher die entsprechende Route auf das Smartphone.
Wie gut, dass es in den meisten Hotels und auch einigen Restaurants mittlerweile gutes WLAN gibt, so müssen die Daheimgebliebenen nicht auf deine Urlaubsschnappschüsse verzichten.

KLIMA & REISEZEIT

Im Moseltal ist es für mitteleuropäische Verhältnisse überdurchschnittlich warm. Die beste Reisezeit ist von Ostern bis Anfang November, wenn die Traubenlese abgeschlossen ist. Im Hochsommer staut sich die Hitze im Tal und beschert dir tropische Nächte. Ein kleiner Ausflug auf die Eifel- und Hunsrückhöhen schenkt dann Abkühlung, denn dort kann es bis zu 10 Grad kühler sein. Nicht selten wird die Sommerhitze von Gewittern unterbrochen, die heftig werden und Hagel mit sich bringen können. Daher solltest du die Regenkleidung selbst im Sommer nicht vergessen. Im Herbst und Winter ist das Moseltal berüchtigt für dicke Nebelschwaden, die sich mitunter den ganzen Tag nicht auflösen.

SICHERHEIT

In vielen Dörfern ist es noch üblich, Haus- und Hoftüren nicht zu verschließen. Die soziale Kontrolle funktioniert – die Nachbarn passen auf. Anders sieht es in Koblenz, Trier und teils auch in den Touristenzentren wie Cochem oder Bernkastel-Kues aus. Hier solltest du – wie in größeren Städten allgemein – auf deine Wertsachen gut achtgeben. Besondere Aufmerksamkeit ist nachts im Palastgarten in Trier und auf dem Zentralplatz in Koblenz gefragt.

UNTERKUNFT

Ob du nun Budgettraveller oder Luxusurlauber bist – an der Mosel gibt es die verschiedensten Unterkünfte: vom Fünfsternehotel, in dem Prominente logieren, bis zum günstigen Hostel mit Mehrbettzimmer. Die Mosellandtouristik hat auf ihrem Portal *(mosellandtouristik.de)* eine Such- und Buchungsfunktion eingerichtet, geordnet nach Zimmern und Ferienwohnungen sowie – mithilfe einer interaktiven Karte – auch geografisch. Hier werden auch kleinere Pensionen angezeigt, die sonst in keinem Buchungsportal gelistet sind.
Besonders und sehr beliebt an der Mosel ist Urlaub auf dem Winzerhof: Viele Winzer bieten Gästezimmer oder Ferienwohnungen an – vom einfachen Bed & Breakfast bis hin zu luxuriös ausgestatteten Apartments und Hotelzimmern. Auch Campingplätze der Region sind auf dem Portal mit ihrer jeweiligen Ausstattung aufgeführt.

WETTER IN TRIER

Hauptsaison
Nebensaison

	JAN.	FEB.	MÄRZ	APRIL	MAI	JUNI	JULI	AUG.	SEPT.	OKT.	NOV.	DEZ.
Tagestemperaturen	3°	5°	10°	14°	19°	22°	23°	23°	20°	14°	8°	4°
Nachttemperaturen	-2°	-2°	1°	4°	8°	11°	13°	12°	10°	6°	3°	-1°
Sonnenschein Stunden/Tag	1	2	4	5	6	7	7	6	5	3	2	1
Niederschlag Tage/Monat	12	10	9	10	9	9	10	11	9	10	11	11

Sonnenschein Stunden/Tag   Niederschlag Tage/Monat

URLAUBS FEELING

ZUM EINSTIMMEN & AUSKLINGEN

LESESTOFF & FILMFUTTER

SACRE MOSEL

Wirf mit dem vorerst letzten Trier-Krimi (2015) von Mischa Martini einen Blick hinter verschwiegene Klostermauern. Alles dreht sich um den Tod des Mönchs Cornelius, der auf mysteriöse Weise am Trierer Hauptbahnhof stirbt.

DIE MOSELREISE – ROMAN EINES KINDES

Hanns-Josef Ortheil (2010) beschreibt die Geschichte eines Zehnjährigen, der sich in der Nachkriegszeit auf einer Wanderreise an der Mosel von seinem Trauma befreit – eine einfühlsame Sohn-Vater-Geschichte.

DER JUNGE KARL MARX

Film des haitianischen Filmemachers Raoul Peck über den berühmtesten Trierer (gespielt von August Diehl) und seine gemeinsame Arbeit mit Friedrich Engels am Kommunistischen Manifest (2017).

CITY ROYALE: WEI IS PILLO

Nach „Freck langsam" die zweite No-Budget-Action-Komödie (2017) von Jürgen Becker und Michael Schu – wieder mit viel Trierer Mundart. Der Film handelt von einem genialen Coup und schnellen Autos. Für alle Nicht-Trierer gibt's hochdeutsche Untertitel.

PLAYLIST QUERBEET

0:58

KARL BERBUER – O MOSELLA
Schunkellied und Weinfestklassiker

DANIEL FERBER – KOWELENZ
Der singende Müllmann wurde mit seiner modernen Stadthymne zum Internetstar

FRANZ JOSEF BLÜMLING – IM WEITEN DEUTSCHEN LANDE (MOSELLIED)
Des Moselländers „Nationalhymne"

CANO FEAT. REBECCA KIEFER & RENE REISSIG – TRIER DU BIST MEIN ZUHAUSE
Rappendes Liebesgeständnis an Deutschlands älteste Stadt

LEIENDECKER BLOIAS – MUUSELINDIJANAO (MOSEL-INDIANER)
Nur einer von vielen Kultsongs der Trierer Mundartband um Helmut Leiendecker

Den Soundtrack zum Urlaub gibt's auf **Spotify** unter **MARCO POLO Rheinland-Pfalz**

Oder Code mit Spotify-App scannen

AB INS NETZ

MOSEL-ZWEINULL.DE
Das Motto „242 Flusskilometer mal anders erzählt" dieser Website stimmt: ganz besondere Inspirationen für Urlaub, Aktivitäten und Genuss für das Moselland – inklusive einiger Geheimtipps und vieler Fotos.

MOSELJUENGER.DE
Die Moseljünger sind ein 2006 gegründetes Netzwerk junger Winzer, die sich und ihre Weine – in diesem Fall Rieslinge – vorstellen: klassische, innovative und freche Weine, die für Party wie Gourmetessen tauglich sind.

TRAUMPFADE.INFO
Die schönsten Wanderwege der Gegend heißen hier Traumpfade. Auf der entsprechenden Website gibt es zahlreiche Berichte über die aussichtsreichsten Wanderungen, einen interaktiven Tourenplaner und eine Börse für Mitwanderer.

MAGAZIN.VOLKSFREUND.DE
Kulturereignisse und Nachtleben für Trier, das Moselland, die Eifel, den Saargau und den Hochwald. Zudem gibt es Shoppingtipps und News über Kneipen, Bistros und Restaurants.

TRAVEL PURSUIT

DAS MARCO POLO URLAUBSQUIZ

Weißt du, wie die Mosel tickt? Teste hier dein Wissen über die kleinen Geheimnisse und Eigenheiten von Land und Leuten. Die Lösungen findest du in der Fußzeile. Und ganz ausführlich auf den S. 16–25.

❶ Wer brachte den Wein an die Mosel?

a) Die Kelten
b) Die Römer
c) Die Franzosen

❷ Wie viele Pendler aus der Region Trier fahren täglich zur Arbeit nach Luxemburg?

a) Rund 3000
b) Rund 30 000
c) Rund 300 000

❸ Wie hieß Trier im Römischen Reich?

a) Treverius
b) Trevere
c) Augusta Treverorum

❹ Welche architektonische Stilrichtung herrscht in Traben-Trarbach vor?

a) Romantik
b) Jugendstil
c) Barock

❺ Wann wurden Triers antike Stätten zum Unesco-Welterbe?

a) 1742
b) 1918
c) 1986

❻ Welche Kultur beeinflusste die Küche an der Mosel?

a) Die französische Kultur
b) Die italienische Kultur
c) Die niederländische Kultur

Lösungen: 1b, 2b, 3c, 4b, 5c, 6a

REGISTER

LOB ODER KRITIK? WIR FREUEN UNS AUF DEINE NACHRICHT!

Trotz gründlicher Recherche schleichen sich manchmal Fehler ein. Wir hoffen, du hast Verständnis, dass der Verlag dafür keine Haftung übernehmen kann.

MARCO POLO Redaktion • MAIRDUMONT • Postfach 31 51
73751 Ostfildern • info@marcopolo.de

Impressum
Titelbild: Bremm (Schapowalow: F. Carovillano)
Fotos: DuMont Bildarchiv: Hackenberg (22); R. Hackenberg (32, 70); huber-images:); U. Bernhart (117), M. Borchi (2/3), L. Da Ros (110), O. Fantuz (8/9), Gräfenhain (40/41), H.-P. Merten (Klappe außen, 1, 109, 120), R. Schmid (62); iStock/ah_fotobox (123); iStock/hsvrs (Klappe innen); iStock/THEPALMER (12); iStock/venemama (11); L. Kornblum (72/73); Laif: K. Hoffmann (84); Look: H. Holler (29), B. Merz (16/17, 81, 90/91), A. F. Selbach (54/55, 60), H. Wohner (94); Look/The Travel Library (69); mauritius images: U. Bernhart (98), F. Lampelmayer (28), P. Lehner (78), roederPhotography (48), Ch. Seba (59, 83); mauritius images/Alamy (36, 102/103, 132); mauritius images/ANP Photo (114); mauritius images/Hemis.fr: R. Mattes (6); mauritius images/imagebroker: H. Corneli (14/15), W. Diederich (87), Falkenstein (106), T. Frey (10, 67, 127), M. Moxter (51); mauritius images/Pitopia: C. Haehnel (13); mauritus images/foodcollection (33); picture-alliance/Westend61 (64/65); Schapowalow: R. Schmid (77); Shutterstock: A. Antanovich (124/125), V. Rauch (20/21, 88/89), M. N. Zastsenski (26/27); Shutterstock/A. Bahdanovich (97); Shutterstock/trabantos (47); Shutterstock/Sina Ettmer Photography (130); vario images/Chromorange (34/35); vario images/imagebroker (44, 52); Visum: M. Kneffel (25); Visum/euroluftbild.de (105); J. Zieseniß (135)

12. Auflage 2021, komplett überarbeitet und neu gestaltet

Autorinnen: Angelika Koch, Jana Zieseniß
Redaktion: Marlis von Hessert-Fraatz
Bildredaktion: Stefanie Wiese
Kartografie: © MAIRDUMONT, Ostfildern (S. 38–39, 113, 116, 119, 121, Umschlag außen, Faltkarte); © MAIRDUMONT, Ostfildern, unter Verwendung von Kartendaten von OpenStreetMap, Lizenz CC-BY-SA 2.0 (S. 42–43, 50, 56–57, 74–75, 92–93, 101)
Als touristischer Verlag stellen wir bei den Karten nur den De-facto-Stand dar. Dieser kann von der völkerrechtlichen Lage abweichen und ist völlig wertungsfrei.
Gestaltung Cover, Umschlag und Faltkartencover: bilekjaeger_Kreativagentur mit Zukunftswerkstatt, Stuttgart; Gestaltung Innenlayout: Langenstein Communication GmbH, Ludwigsburg
Texte hintere Umschlagklappe: Lucia Rojas
Konzept Coverlines: Jutta Metzler, bessere-texte.de

Printed in Poland.

FSC® www.fsc.org
MIX
Paper from responsible sources
FSC® C018236

MARCO POLO KOAUTORIN
JANA ZIESENISS
Die Reisebloggerin und selbst ernannte Möchtegern-Abenteuerin musste erst mal um die halbe Welt reisen, um zu merken, wie schön es doch in Deutschland beziehungsweise in ihrer Wahlheimat, der Rhein-Mosel-Region, ist. Jetzt machen ihr ihre „Rieslingcanyons" ebenso viel Spaß wie die Rocky Mountains in Kanada oder die Salzwüste Boliviens – getreu ihrem Motto „Die Welt gehört dem, der sie genießt."

BLOSS NICHT!

FETTNÄPFCHEN UND REINFÄLLE VERMEIDEN

IM WEINGUT EIN BIER BESTELLEN

Auch wenn man im Moseltal zunehmend aufgeschlossener wird, was den Gerstensaft angeht: Wer im Weingut ein kühles Blondes bestellt, wird trotzdem mindestens schief angeguckt. Zu Recht! Wer es leichter mag, greift lieber zu einer Weinschorle.

MIT DICKEN KARREN INS WEINDORF

Mit dem Geländewagen sitzt du schneller fest, als dir lieb ist, wenn du die Breitenangaben der Weinortsgassen nicht genau beachtest. Mit größeren Autos am besten auf den angegebenen Plätzen am Ortsrand parken!

DAS LEBEN AM STEILHANG RISKIEREN

Schon der Superlativ „steilster Weinberg der Welt" (für den Bremmer Calmont) lässt es erahnen: Auch jenseits der Alpen braucht es für manche Wanderung Trittsicherheit, Schwindelfreiheit und alpine Erfahrung. Lass dich hier bloß nicht von den reinen Höhenangaben täuschen!

MOSTER TRINKEN WOLLEN

In kleinen Moselörtchen rund um Trier und Luxemburg wird vielerorts noch Moselfränkisch gesprochen. Das führt regelmäßig zu Missverständnissen. Wer hier Moster bestellt, bekommt beispielsweise keinen Fruchtsaft (Most), sondern eine Portion Senf.

SIGHTSEEING IM SCHLEICHTEMPO

Eine der häufigsten Unfallursachen an der Mosel ist zu langsames Fahren von Urlaubern, die dadurch Einheimische zu verzweifelten Überholmanövern nötigen. Oft gibt es hier nämlich kilometerlang keine Überholmöglichkeit.